本书系国家自然科学基金青年项目（项目编号：71702017）、重庆市教委科学技术研究项目（项目编号：KJQN202201155）阶段性研究成果。

经管文库·管理类

前沿·学术·经典

产业市场情境下的
供应商B2B品牌导向研究

RESEARCH ON B2B BRAND ORIENTATION
OF SUPPLIERS IN THE CONTEXT OF
INDUSTRIAL MARKET

黄　磊　著

经济管理出版社
ECONOMY & MANAGEMENT PUBLISHING HOUSE

图书在版编目（CIP）数据

产业市场情境下的供应商 B2B 品牌导向研究/黄磊著 . —北京：经济管理出版社，2023. 2
ISBN 978-7-5096-8953-0

Ⅰ.①产…　Ⅱ.①黄…　Ⅲ.①电子商务—品牌营销　Ⅳ.①F713.365.2

中国国家版本馆 CIP 数据核字（2023）第 035137 号

组稿编辑：王　洋
责任编辑：王　洋
责任印制：许　艳
责任校对：蔡晓臻

出版发行：经济管理出版社
　　　　　（北京市海淀区北蜂窝 8 号中雅大厦 A 座 11 层　100038）
网　　址：www. E-mp. com. cn
电　　话：（010）51915602
印　　刷：唐山玺诚印务有限公司
经　　销：新华书店
开　　本：720mm×1000mm/16
印　　张：12
字　　数：201 千字
版　　次：2023 年 3 月第 1 版　　2023 年 3 月第 1 次印刷
书　　号：ISBN 978-7-5096-8953-0
定　　价：98.00 元

前　言

在"双循环"新发展格局背景下,中国本土产业应向自主研发和品牌建设等"非实体性活动"转型升级,打造价值链高端竞争力。其中,鼓励和推动各个行业加强品牌建设,是建立适应产业转型多元化供给体系,促进国内大循环的重要举措。从我国现实情况看,相较于面向消费者的终端品牌,面向产业采购者的 B2B 品牌建设发展更为缓慢。尽管已有理论研究均表明,产业市场中的强势 B2B 品牌能使供应商企业受益,包括提高采购商对其产品的质量认知,实施溢价定价策略以及改善采供关系等,但在实践中仍有大量供应商并未将 B2B 品牌建设纳入战略架构,难以在激烈竞争中通过品牌培育获取高附加值。

考虑到采购商与消费者相比的独特特征,产业市场中的供应商在进行 B2B 品牌建设与管理过程中将面临更为复杂的决策机制,尤其当供应商将 B2B 品牌作为驱动企业成长的战略导向时,最关心的问题在于将 B2B 品牌提升到企业战略层面进行整体规划,并将其视为指导资源投入和能力配置的方法与原则。基于"塑造品牌价值是 B2B 品牌导向成功的关键"这一核心命题,本书的主要研究目的包括:①界定 B2B 品牌导向的内涵,构建 B2B 品牌导向整合研究模型。以B2B 品牌价值为切入点,在对品牌导向已有研究进行系统论述的基础上,阐明B2B 品牌价值与 B2B 品牌导向的关系,构建包含驱动因素与效用机制的 B2B 品牌导向的整合研究模型。②探索和检验 B2B 品牌导向的影响因素。借鉴战略创业的观点,从机会、资源和团队三个方面出发,检验不同影响因素对供应商B2B 品牌导向选择的作用,并进一步考察在环境因素的约束下,不同类型因素对 B2B 品牌双元导向的影响有何变化。③实证分析 B2B 品牌导向的效用机制。从采供关系的双重视角出发，关注竞争优势在 B2B 品牌导向与供应商绩效之间的作用，并实证检验在 B2B 品牌导向与不同资源和能力产生协同作用的情境下，不同 B2B 品牌导向对供应商绩效的影响，实现对 B2B 品牌导向作用机制的系统化探讨。

根据上述研究目标，本书借鉴"驱动因素—战略创业行动—竞争优势与绩效"的理论逻辑，从以下三个方面构建本书的研究内容：

研究内容一：构建和检验供应商 B2B 品牌导向分析框架。

该部分研究主要涵盖本书第一章和第二章的内容。首先，对品牌导向现有研究进行系统梳理，既要认识到 B2B 品牌与 B2C 品牌之间的联系与区别，充分借鉴现有品牌管理理论，又要充分考虑产业市场自身具有的特征以及采供双方间交易的特殊性，结合 B2B 品牌在企业间交易过程中的表现与作用，对 B2B 品牌导向理论研究的方向和启示进行总结。其次，以 B2B 品牌价值为切入点，通过多案例研究的方法探索 B2B 品牌价值成长的驱动因素，在此基础上进一步围绕品牌价值，就 B2B 品牌导向的整体研究逻辑展开论述，从而构建出适用于产业市场的 B2B 品牌导向分析研究框架。

研究内容二：供应商对 B2B 品牌导向的权变选择机制研究。

该部分研究主要涵盖本书第三章、第四章和第五章的内容。采用 Timmons 提出的创业要素模型为依据，从机会、资源和团队三个方面出发，探讨供应商企业对 B2B 品牌导向选择的驱动因素。在机会因素方面，聚焦于社会资本如何通过品牌关联影响供应商实施 B2B 品牌导向的意愿；在资源方面，把供应商产品特征划分为产品重要性与产品复杂性两类，回答供应商如何以不同产品特征为依据确定 B2B 品牌导向程度的问题；在团队方面，把供应商组织知识划分为技术知识和市场知识两类，探讨不同类型的组织知识与品牌导向的关系。通过这三章的实证检验研究，有助于系统把握供应商实施 B2B 品牌导向的驱动因素。

研究内容三：供应商 B2B 品牌导向的差别绩效效应研究。

该部分研究主要涵盖本书第六章至第九章的内容。该部分研究围绕 B2B 品牌导向如何影响供应商绩效这一关键问题，从采供双方视角出发探讨 B2B 品牌导向通过竞争优势影响供应商绩效的作用过程及其效果差异。首先，构建"B2B 品牌导向—供应商资源投入—品牌绩效"的理论模型，探讨 B2B 品牌导向对品牌绩效的作用机制；其次，将 B2B 品牌导向实施过程视为同时包含企业创新资产和顾客资产两种行动路径，并引入价值共创的理论观点，探讨 B2B 品牌导向与市场资产协同转化为品牌绩效的过程机制；再次，将采购商面对供应商 B2B 品牌导向时的关系治理行为划分为共同制订计划和共同解决问题两类，探讨采供关系在 B2B 品牌导向与市场绩效间的作用；最后，依据竞合理论所提供的认识框架，从竞合视角探讨供应商 B2B 品牌导向对其财务绩效的影响。该部分研究通过探讨 B2B 品牌导向的绩效效应及其内在机理，不仅弥补了已有研究只关注品牌导向与绩效单一关系的不足，也有益于深入揭示品牌导向效用过程的"黑箱"。

品牌塑造已经成为我国提升经济、科技、文化、管理等综合竞争力的制高点，成为企业乃至国家核心竞争力的重要标志。然而，在我国的产业市场中，不同供应商 B2B 品牌发展差距的实质，体现在供应商能否从战略导向视角考虑 B2B 品牌建设问题，并把 B2B 品牌导向视为创造顾客价值和提升品牌绩效的起点。本书围绕 B2B 品牌导向的分析框架、驱动因素和效用机制展开整合性研究，通过深度访谈、案例比较、问卷调研和实证分析等定性与定量相结合的研究方法，得出的研究结论不仅有助于把握 B2B 品牌导向的"前因后果"，为供应商 B2B 品牌研究提供新的理论依据，也能推动我国供应商加强 B2B 品牌建设，为实现我国供应商以 B2B 品牌为核心进行战略升级提供理论指导。

本书系国家自然科学基金青年项目（项目编号：71702017）和重庆市人文社会科学研究项目（项目编号：20SKGH171）阶段性研究成果。在笔者实施项目和撰写书稿过程中，得到多名团队成员的支持和帮助，其中重庆理工大学管理学院李巍博士、吴朝彦博士和蔡春花博士从理论构建、数据收集到实证分析等环节，为本书提出宝贵的研究建议；硕士研究生高敏、郭曼和陈雨欣积极参与资料整理、企业调研和书稿校对等工作。基于研究现状，以中间产品、配套零部件和原材料等为载体的供应商 B2B 品牌还需在多个领域开展更为深入的探索，其中品牌导向视角能为供应商 B2B 品牌管理提供有效的战略引导，通过战略性的品牌化活动获得可持续的竞争优势。然而，由于能力、水平所限及调查局限性，现有的阶段性研究成果还存在许多不足之处，恳请学界和业界专家批评指正。

黄 磊

2022 年 11 月 15 日

目　录

第一章 B2B 品牌导向的理论基础

近 20 年来，对品牌导向的探讨成为品牌管理与战略管理交叉领域的研究热点，在此基础上，学者针对不同情境下的品牌导向开展深入挖掘和探索，其中最为重要的情境就是产业市场。B2B（Business-to-Business）供应商是产业市场中实施 B2B 品牌导向的主体，以此为对象展开研究，既要认识到 B2B 品牌与 B2C（Business-to-Customer）品牌之间的联系与区别，充分借鉴现有品牌管理理论，又要充分考虑产业市场自身具有的特征以及采供双方间交易的特殊性，才能有效突破将理论研究结论应用于指导 B2B 品牌导向实施时可能存在的局限性。本章首先对品牌导向现有研究进行系统梳理；其次结合 B2B 品牌在企业间交易过程中的表现与作用，对 B2B 品牌导向理论研究的方向和启示进行总结。

一、品牌导向的理论解析

（一）品牌导向的研究背景

随着品牌在企业发展与市场竞争中扮演的角色越来越重要，理论研究的重点逐渐从思考品牌是企业的战略要素还是战术策略要素，向企业如何有效实施品牌战略的问题转变（卢泰宏等，2009）。该转变过程推动学者们从战略视角考虑企业的品牌建设问题，并将品牌作为企业战略形成的出发点，深入探讨品牌建立如何帮助企业在竞争中获取持续增长的潜力。在此基础上，Urde（1994）提出品牌导向的概念，其核心观点是品牌化成功的关键在于将品牌提升到企业战略层面做出整体规划，并将品牌导向视为指导资源投入和能力配置的方法与原则，即企业应该采用战略观念指导品牌化活动，通过品牌化活动获得可持续的竞争优势。

品牌导向概念的提出引发了许多学者的关注，文献成果涵盖了不同的研究主题和研究方法，品牌导向研究已经在理论界受到一定程度的重视。遗憾的是，品牌导向研究的已有结论还相对零散，不仅限制了品牌导向的理论构建与发展，也降低了现有研究结论对 B2B 企业品牌管理实践的解释力与指导力。从我国国情出发，国务院多次印发关于加强品牌建设、提升自主品牌国际竞争力的重要文件，作出"中国产品向中国品牌转变"，"发挥品牌引领作用，推动供需结构升级"等论述，为我国产业战略发展指明方向。然而，反观我国市场主体的品牌发展现状可以发现，部分企业品牌战略观念仍然十分落后，这就导致不同企业的品牌化程度以及品牌建设效果存在较大差异。

（二）品牌导向的内涵

1. 品牌导向的概念

现有研究对品牌导向的内涵主要从哲学价值观（Philosophical View）和行为实践观（Behavioral View）两个角度进行解释。最初的品牌导向是指组织在与目标客户持续互动的过程中，围绕品牌标识进行创新、发展、保护以获取持续竞争优势的方法（Urde，1994），该定义从行为与活动流程的视角关注品牌导向的实施过程，体现出了战略导向中的行为实践理念。Bridson 和 Evan（2004）对该观点进行拓展，将品牌导向解释为企业重视品牌并通过品牌能力来指导实践的程度。Hankinson（2001）则立足于哲学价值观层面，认为品牌导向是一个连续变化的过程，体现了组织将自身视为品牌的程度以及组织接受品牌化理论和实践的程度。随后，Hankinson（2002）对品牌导向概念进行完善，提出品牌导向反映了组织是否能够围绕品牌形成战略思维，并且这种品牌思维是否能够反映组织的核心价值观。将品牌导向视为一种行为实践或是哲学价值观念，成为早期品牌导向研究的分歧，实际上两种观念的研究都有不足之处：从行为实践经验出发对品牌导向内涵进行归纳，忽视了品牌导向从方法论上对营销战略实施的规划与指导（Wong & Merrilees，2005）；而仅强调品牌导向的哲学价值内涵，不利于探讨品牌导向对组织外部竞争的作用机制（Baumgarth，2010）。

考虑到上述单一观念的不足，Ewing 和 Napoli（2005）将哲学价值观与行为实践观结合起来理解品牌导向的内涵，认为品牌导向是组织形成和维持共享品牌意义的过程，目的在于为组织自身和利益相关者带来更优价值与绩效。Baumgarth（2010）和 Evans 等（2012）进一步探讨了两种观念下品牌导向内涵的关系，提出组织对品牌的支持行为应该以品牌导向的价值观念为基础，即品牌导向价值观对行为实践具有引导作用。Gromark 和 Melin（2011）在对品牌导向已有定义进行回顾的基础上，提出在建设品牌的活动中，品牌导向是通过与内外部利益相关者互动而有意识地创造品牌资产的有效途径，将品牌管理作为核心竞争力，并将品牌塑造与组织发展和财务绩效紧密联系起来。

综上可以看出，行为实践观下的品牌导向主要关注组织品牌营销活动的开展与实施，哲学价值观下的品牌导向则反映了组织关于品牌的价值、信念和态度，但从单一角度概括品牌导向内涵具有一定片面性，因此，构建包含价值观、信念、行为和实践的品牌导向多维度概念将具有重要的学术价值。

2. 品牌导向与市场导向的关系

现有研究在对品牌导向内涵进行解释时，大多与市场导向概念进行比较，并认为这是明确品牌导向概念范畴和研究逻辑的基础（Urde et al.，2013）。归纳起来，关于品牌导向与市场导向关系的论述主要有以下两种观点。

第一种观点认为，品牌导向或品牌战略不能脱离对消费者需求的满足，而关注消费者需求是市场导向的核心，因此品牌导向必须建立在市场导向的基础上（Harrison-Walker，2014）。Urde（1999）认为品牌导向是市场导向的特殊类型，其作用在于使品牌成为市场战略的线索和标识，帮助企业更好地认识和满足顾客需求；Reijonen 等（2014）提出，品牌导向有助于企业形成差异化的市场竞争优势并获取高于平均水平的市场绩效。该观点实际上将品牌导向视为市场导向在满足顾客需求过程中的资源平台，即通过关注品牌在顾客心目中的定位，能够实现市场战略与顾客需求更有效的匹配。

第二种观点认为，品牌导向与市场导向是两种并不相同的战略导向，但彼此之间存在相互影响。Reid 等（2005）发现市场导向依赖跨部门合作影响整合营销传播效果，而品牌导向则围绕品牌识别与愿景提升整合营销传播效果并作用于绩效，该研究较早识别出市场导向与品牌导向对企业绩效的作用过程并不相同。在此基础上，部分学者开始关注两类战略导向之间的逻辑联系，Mulyanegara（2010）从顾客感知视角出发，发现跨部门合作维度有助于提升顾客对品牌导向的感知，但顾客导向维度与竞争者导向维度的作用不显著，该结论深刻揭示了市场导向维度构成与品牌导向的关系；Mulyanegara（2011）进一步探讨市场导向、品牌导向与感知利益的关系，提出市场导向对品牌导向与感知利益均具有正向影响，同时品牌导向在市场导向与感知利益之间具有中介效应。

通过上述分析可以看出，第一种观点实际上是将品牌导向置于市场导向的范畴内，认为品牌导向通过品牌构建与识别更充分地发挥了市场战略的作用，形成市场导向的延伸和扩展（Wong & Merrilees，2007）；第二种观点以区分两种战略导向的差异为前提，验证市场导向和品牌导向的关系，结论均表明市场导向对品牌导向有正向影响。Urde 等（2013）对已有结论进行整合梳理，认为组织在实施品牌化的过程中会同时受到品牌导向与市场导向的影响，具体表现为组织既可能采用市场导向构建品牌形象，也可能依据品牌导向关注品牌识别，还可能选择品牌—市场导向或市场—品牌导向两类混合导向对品牌进行投入从而提升组织绩效（见图 1-1）。

（三）品牌导向维度梳理

在品牌导向内涵研究的基础上，部分学者对品牌导向的维度进行解析，为实现品牌导向的可测量提供依据。从表 1-1 可以看出，关于品牌导向维度的理解呈现多元化的特征，究其原因，一方面，由于学者们对品牌导向分析的关注点不同，对品牌导向维度划分依据的选择也有所不同，如 Hankinson（2001）以组织行为和能力为标准对品牌导向的构成维度进行识别，而 Ewing 和 Napoli（2005）则关注组织与利益相关者的互动，并以此为依据划分品牌导向的组成部分。另一

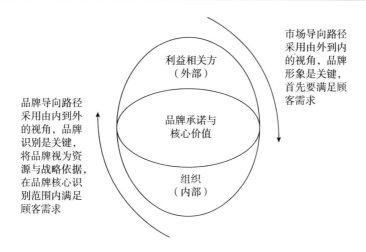

图1-1 品牌导向与市场导向的协同关系

资料来源：Urde M，Baumgarth C，Merrilees B. Brand orientation and market orientation—From alternatives to synergy〔J〕. Journal of Business Research，2013，66（1）：13-20.

表1-1 品牌导向构成维度及其界定比较

学者（年份）	维度	界定	划分依据或方法	研究对象
Hankinson（2001）	理解品牌	不同利益相关者对品牌功能属性和象征意义的理解，从而形成关于品牌的认知	从内部管理者角度出发，以组织行为和能力为依据进行划分	非营利组织
	品牌沟通	能够有效传递品牌特征与价值的传播方式		
	将品牌作为战略资源	使品牌真正成为组织的战略性资源，为组织其他活动搭建平台		
	积极主动的品牌管理	有效实施品牌管理，使品牌活动与整体流程相协调，并与品牌价值保持一致		
Bridson 和 Evans（2004）	差异化能力	品牌是身份识别的象征，能够有效帮助顾客简化决策过程	以组织品牌化所需具体能力为依据进行划分	服装零售行业
	功能化能力	通过品牌满足顾客基本合理需求的能力		
	附加价值能力	超越产品功能属性，通过提供额外特色功能和信念以区别于竞争者		
	符号化能力	品牌应该具备的表征性特点，提供能够反映自我表达和群体归属的象征性符号		

续表

学者（年份）	维度	界定	划分依据或方法	研究对象
Reid 等 （2005）	共享品牌愿景	品牌在企业决策制定和企业目标中处于核心地位	在对已有文献总结和归纳的基础上进行划分	—
	共享品牌效用	品牌向顾客传递区别于竞争对手的特定属性和优势		
	共享品牌定位	围绕品牌形成的形象识别、差异化和对顾客的承诺		
	品牌投资回报	通过品牌投资获得的相应的市场位势以及财务回报		
	品牌符号	品牌具有强烈的情感象征意义，帮助客户传递个性与价值观		
	品牌附加值	最大限度开发品牌增值能力，提高消费者满意程度		
Ewing 和 Napoli （2005）	品牌互动	反映了组织与利益相关者互动以及应对市场变化的程度，是组织利用市场反馈向利益相关者传递品牌价值的重要手段	依据组织与利益相关者互动的视角进行划分	非营利组织
	品牌协同	反映了组织在实施品牌营销活动中传递的信息与利益相关者所感受到的信息是否一致		
	品牌情感	反映了组织对其利益相关者评价的了解程度		
Baumgarth （2010）	品牌价值	品牌在战略管理中的作用以及对品牌概念的基本理解	基于哲学价值观与行为实践观的整合进行划分	B2B 企业
	品牌规范	规范与制度决定了品牌管理基本活动的程度		
	品牌物化	通过诸如品牌故事、员工制服等有形标识体现品牌定位		
	品牌行为	支持品牌的具体行为与活动		
Gromark 和 Melin （2011）	品牌方法	从盈利能力、管理、商业模式以及投资等方面对品牌进行塑造的整体方法	采用主成分分析法进行维度划分	瑞士的《财富》世界 500 强企业
	品牌实施	将品牌视为创造价值以及激励员工的指导和方法		

续表

学者（年份）	维度	界定	划分依据或方法	研究对象
Gromark 和 Melin （2011）	品牌目标与跟踪	反映企业在品牌发展中明确目标的能力以及目标的完成程度	采用主成分分析法进行维度划分	瑞士的《财富》世界 500 强企业
	品牌关系	运用品牌创建维持与外部利益相关者的关系		
	品牌识别与保护	处理品牌化过程中的基本活动以及对品牌声誉的维护		
	品牌运营	企业运用品牌核心价值观作为开展其他商业业务的基础		
	高管参与	高层领导在品牌管理中的参与程度		
	责任与角色	品牌管理中企业所需承担的责任		
Hankison （2012）	品牌文化	根植于品牌愿景的信念和态度	以组织行为与活动为依据进行划分	旅游目的地
	部门协调	组织内各部门能够围绕品牌建设展开协同合作		
	品牌沟通	向内部员工和外部利益相关者准确持续地传递品牌含义		
	品牌合作	以品牌为核心，协调各方利益相关者的合作关系		
	品牌可靠性	对品牌的关键属性进行整合，提升顾客对品牌的体验程度		

资料来源：笔者整理。

方面，研究对象所属行业、运营模式及所处环境存在较大差异，也成为品牌导向维度出现差异的原因，具体而言，商业组织和慈善组织在组织目标、运营方式和资金来源等方面有较大差别，因此商业领域的研究结论与慈善领域的结论并不相同（Evans & Bridson，2005）；即使同在商业领域中，B2C 企业与 B2B 企业的交易模式、产品特征和竞争环境也存在区别。这些差异推动学者们从不同角度理解品牌导向的构成维度（Baumgarth，2010）。

（四）不同视角的研究述评

1. 组织视角的品牌导向研究

根据关注焦点和调研对象的不同，现有研究分别从关注高层管理者与关注员工两个方面对品牌导向展开研究。关注高层管理者的研究主要包括以下观点：第一，由于品牌导向强调的是品牌管理方法的系统化与规范化，因此品牌导向的设计与实施应该由组织高层管理者承担主要责任（Baumgarth，2010）；第二，品牌导向是一种由高层管理者发起的、自上而下的战略实施路径，同时高层管理者在进行组织资源配置时对品牌重要性程度的考虑，构成影响品牌导向选择与实施效果的重要因素（Evans et al.，2012）；第三，品牌导向研究的访谈和调研应以高层管理者为主，包括首席执行官、首席运营官、总经理和市场部经理等，因为相比普通员工，高层管理者对组织战略选择和战略决策更为熟悉，并具有丰富的营销行动经验，只有这样才能在回答品牌导向相关问题时保证答案的真实性与可靠性（Wong & Merrilees，2007）。

尽管大部分学者都认同高层管理者在品牌导向决策中的关键角色，但随着内部品牌化（Internal Branding）、组织身份认同（Organizational Identification）等理论观点的提出与发展，部分学者认为品牌导向实施的重要前提是组织成员能够对品牌导向的目标、价值与信念形成深刻理解，因此内部员工在组织的品牌导向执行中同样发挥着重要作用（Hankinson，2001）。从该研究视角出发，组织战略成功的关键在于成员的个人目标与组织整体目标有效整合，因此品牌导向型组织应该让所有成员共享品牌愿景和品牌定位，从而唤起所有成员对品牌导向的赞同与支持（Reid et al.，2013）。King 等（2013）的研究检验了品牌导向与员工态度和行为的关系，证实组织品牌导向的实施也能反作用于员工的个人绩效，为从员工层面理解品牌导向的效用机制提供了新的视角。

2. 顾客视角的品牌导向研究

Mulyanegara（2010）开创了从顾客视角开展品牌导向研究的先河，他在研究中提出"感知品牌导向"（Perceived Brand Orientation）的概念，其含义是顾客对组织开展品牌导向活动和行为的感知程度。与已有品牌导向研究关注品牌绩效或市场绩效不同，该研究采用顾客感知价值作为因变量，结论表明顾客对品牌导向的感知程度对其感知利益有显著正向影响。在此基础上，Casidy（2013）从大学生感知视角出发，证实大学生对高校品牌导向的感知与其对该高校的满意度、忠诚度以及入学后沟通行为间的正相关关系。

通过上述分析可以看出，立足于组织视角是品牌导向研究的主流，该视角关注的重点在于将品牌提升到组织战略层面进行整体规划，即组织应该采用战略观念指导品牌化活动，同时强调组织全体员工对品牌内涵的理解和认同，从而创造出能为组织带来有竞争优势和有价值的品牌（Urde et al.，2013）。立足于顾客视角的文献数量相对较少，但却有效弥补了已有研究忽略顾客在品牌导向实施中具有重要作用的不足，该视角的提出实质上是品牌导向研究范式的转变，体现出以顾客为中心的品牌管理逻辑。根据 Urde（1999）的观点，品牌导向是在战略思维的指导下以品牌建设为核心进行资源配置，通过建立顾客品牌认知提高市场份额进而发展出品牌的核心竞争优势。因此，两种视角的研究并没有相互冲突，而是形成了有效互补，这对进一步理解品牌导向的实施过程与实施目的具有启发意义。

二、品牌导向的前因与后果

（一）基于混合战略导向逻辑的品牌导向影响因素

现有研究已经针对品牌导向的影响因素展开一定程度的研究，但这部分研究的共性缺陷在于未能对不同类型的影响因素进行系统梳理，所以研究结论较为分散。针对上述不足，本书基于已有观点将影响品牌导向的因素归纳为资源、能力和制度三个方面，并依据混合战略导向的分析逻辑，识别出不同类型影响因素对各类型品牌导向的作用存在何种差异。

1. 资源对品牌导向的影响

部分学者主要关注企业资源在品牌导向构建中的作用，提出品牌导向实施需要与企业内部资源相匹配，才能达到创造品牌附加价值的目的，这部分研究主要从组织资源和产品特征两个层面关注企业实施品牌化战略应当具备的资源条件。在组织资源层面，Urde（1994）发现品牌导向型组织需要持续投入资源来建立和提升品牌形象；Wong 和 Merrilees（2005）认为，对于资源匮乏的企业而言，在发展品牌导向时将会受到较大制约，从而更多关注日常事务性工作，导致忽略了对品牌导向的投入和支持。Huang 和 Tsai（2013）提出在财力、物力和人力等方面的资源丰富程度（Level of Resource Abundance）能帮助企业更好地应对不确定性和风险，但其实证结果表明资源丰富程度与品牌导向实施并不存在显著关联，对于研究结论的不一致，两位学者将其解释为受到资源约束的中小企业更倾向于采用公共宣传、口碑传播和网络沟通等低成本的营销方式，通过与顾客进行互动来创造品牌识别与品牌形象。可以看出，该研究并未否定资源对品牌导向的促进作用，而是针对中小企业的自身特点，为其发展成为品牌导向型组织提供了可行性。从产品特征层面看，企业若想通过实施品牌导向获取竞争优势，在产品特征上就应该体现出独特的资源特性。Harrison–Walker（2014）提出，服务构成（Service Component）的比重越高，企业品牌导向的程度越低，究其原因，顾客主要依赖于产品类别和产品特征制定购买决策，而服务产品具有无形性和可变性，且缺乏可衡量标准，因此提供有形产品的企业更倾向于采用品牌导向。在B2B 品牌导向研究中，产品的资源特性也成为解释品牌导向程度存在差异的原因，黄磊和吴朝彦（2016）在针对我国产业市场的研究中，证实供应商产品重要性与其品牌导向具有倒"U"形关系，而产品复杂性与其品牌导向具有"U"形关系，表明产品特征与供应商品牌导向之间呈现非线性关系。因此，本书总结认为，组织资源与产品特征是品牌导向的影响因素。

2. 能力对品牌导向的影响

随着对品牌导向认识的加深，关注资源条件的研究表现出一定局限性，因为品牌导向除了需要保证资源的持续投入，还应该培育出可以支撑品牌战略实施的组织能力，以保证组织资源条件能有效转化为品牌愿景与品牌价值。从该视角出发，实施品牌导向所需能力可划分为组织能力和个人能力两种类型。其中，实施品牌导向所需的组织能力被视为一种高阶能力（High–Order Competence），目的在于提高品牌的附加价值（Huang & Tsai，2013）。从已有研究看，差异化能力、功能化能力、附加价值能力和符号化能力被证实是品牌导向型组织应该具备的关键能力（Bridson & Evans，2004）。Ewing 和 Napoli（2005）提出，实施品牌导向的组织需要具有较强的跨部门沟通与合作的能力，并通过对营销与沟通等能力的整合向外部利益相关方传递品牌信息。Wong 和 Merrilees（2007）在国际市场情境的研究中发现，因为品牌战略效果取决于企业在国际市场中的话语权，所以企业的营销活动控制能力是品牌导向型企业成功的关键。对个人能力的探讨主要聚焦于管理者团队，该部分研究表明，由于管理者能力对整个组织接受和采纳品牌导向政策具有广泛影响，因此对品牌导向实施具有推动作用（Hankinson，2012）。在实施品牌导向过程中，组织管理者应该具备的能力可以通过管理者个人愿景、教育背景、与品牌相关的工作经验、领导能力以及个人技能等体现出来（Wallace et al.，2013）。与广义资源基础观将能力纳入资源分析框架不同（程兆谦和徐金发，2002），品牌导向研究领域对能力的探讨更多关注组织实施品牌导向所需的集体或个人的行动技能，这是一种源于资源但比资源本身更为复杂和独特的集合体，能够根据组织品牌战略需要进行整合，从而维系竞争优势，因此该视角下的能力并不属于资源的范畴（董保宝和李全喜，2013）。

3. 制度对品牌导向的影响

组织制度相关研究认为，制度的作用体现在为组织提供行为标准和规范，并界定组织行为被认可所需的条件，限制组织的行为选择（陈嘉文和姚小涛，2015）。Hankinson（2001）的研究中首次出现组织制度作用的观点，该研究认为慈善组织对品牌导向的采用，需要结合慈善行业中的惯例、规则和信念进行考虑，而这些因素有可能制约慈善组织对品牌导向的选择。后续品牌导向研究对上述观点进行了扩展，研究结论表明影响品牌导向的制度因素主要包括正式和非正式的条例与规范、文化认知体系以及环境参照等要素（Huang & Tsai，2013）。条例与规范主要是指影响组织品牌导向实施的显性或隐性的规则与制度，是关于品牌导向的一系列规范和评价尺度，构成品牌导向实施的保障条件（Baumgarth，2009）。文化认知体系包含了组织文化与个体认知对组织行为的影响，其中组织文化通过约束个人和组织的观念与行为，在组织内部形成关于品牌的共同信念，是提升品牌强度的重要因素（Baumgarth，2010）；Huang 和 Tsai（2013）以组织身份认同理论为依据，提出员工组织身份（Organizational Identification of Its Members）的概念，其含义是指员工对组织总体目标与战略的认同程度，结论证实员工组织身份对品牌导向具有显著正向影响。环境参照通常被视为组织是否愿意采用品牌导向或品牌导向实施效果的外部条件，Kylander 和 Stone（2007）认为，当外部环境呈现动态和复杂的特征时，组织更需要采用品牌导向来降低环境不确定的风险。Evans 等（2012）主要关注市场竞争强度的影响，提出在竞争强度较大的环境中，组织面临的压力也随之增加，因而需要采用有助于创造价值、提高差异化的方式参与竞争，这种情境下组织更倾向于实施以品牌为核心的战略导向。本书对以上观点进行总结认为，影响组织品牌导向的制度因素可归纳为条例与规范、文化认知体系和环境参照三个变量。

除上述影响因素外，组织架构、企业规模和品牌规划投资年限也被认为是品牌导向的前置变量（Harrison-Walker，2014）。其中，组织架构主要通过跨部门的沟通与合作实现对品牌导向的促进作用，本质上是组织对不同部门进行整合的技巧与方法，体现了组织能力的特征；就企业规模与品牌规划投资年限而言，Harrison-Walker（2014）认为，这两个因素都是组织可利用资源多少的反映，因此可纳入组织资源的范畴进行分析。对品牌导向影响因素的归纳如表 1-2 所示。

表 1-2　品牌导向影响因素汇总

影响因素		具体表现	研究者（年份）
资源因素	组织资源	人力、物力、财力、企业规模、品牌规划投资年限	Huang 和 Tsai（2013）；Harrison-Walker（2014）
	产品特征	服务构成比重、产品重要性、产品复杂性	Cannon 和 Perrault（1999）；Harrison-Walker（2014）；黄磊和吴朝彦（2016）
能力因素	组织能力	差异化能力、功能化能力、附加价值能力、符号化能力、跨部门沟通与合作能力、营销活动控制能力	Bridson 和 Evans（2004）；Ewing 和 Napoli（2005）；Wong 和 Merrilees（2007）；Huang 和 Tsai（2013）
	个人能力	领导能力、品牌工作经验、个人技能	Hankinson（2012）；Apaydln（2011）；Wallace 等（2013）
制度因素	条例与规范	规则、制度	Baumgarth（2009）
	文化认知体系	组织文化、员工组织身份	Baumgarth（2010）；Huang 和 Tsai（2013）
	环境参照	技术变动、市场竞争强度	Urde（1994）；Kylander 和 Stone（2007）；Evans 等（2012）

（二）不同影响因素的逻辑关系

在战略管理的已有研究中，资源、能力和制度都被认为是影响企业战略选择和战略效果的前提，由此形成不同的战略基础观点，而本书对品牌导向影响因素的梳理与归类正是以上述战略基础观点为指导的。这样的分析依据在于：从概念范畴上看，品牌导向属于战略导向中的特殊类型，目的在于为企业战略决策提供指导性原则（Urde & Baumgarth，2013），因此借鉴战略基础理论对品牌导向影响因素进行研究，能够更好地理解组织通过品牌导向获取持续竞争优势的本质；在理论发展方面，品牌导向仍是一个新兴概念（Baumgarth et al.，2013），将战略管理的成熟理论观点引入品牌导向影响因素分析，不仅有助于挖掘品牌导向形成的理论依据，也能够对品牌导向的理论发展形成良好支撑。进一步看，尽管关于品牌导向影响因素研究关注的侧重点有所不同，但这些研究之间存在一定的逻辑关系（见图 1-2）：首先，关注资源的研究将品牌导向视为战略性资源整合的平台，并致力于解释品牌导向实施需要具备何种资源条件，但没有回答组织资源如

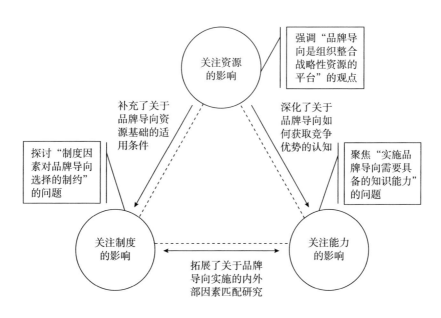

图 1-2　不同影响因素研究的逻辑关系

资料来源：笔者绘制。

何转化为以品牌为核心竞争优势的关键问题，该观点在理论解释上的不足，推动部分学者借鉴战略分析的资源基础路径模型，提出能力是品牌资源转化为竞争优势的纽带，由此围绕品牌导向应当具备的能力展开研究；其次，随着制度理论在新竞争环境中受到越来越多的关注，研究者们也意识到品牌导向选择和实施还应考虑规则、规范、惯例和信念等因素的作用，因此在关注资源条件的基础上纳入制度因素的研究变量；最后，组织在对品牌导向所需能力培养的过程中，会受到正式制度和非正式制度的影响，而这些不同的制度因素也会作用于组织对关键能力的识别和选择，造成不同组织在品牌导向战略效果上的差异。

（三）品牌导向的效用

在已有研究中，品牌导向被证实对组织营销活动与品牌化效果具有直接影响。品牌导向型组织首先关注如何对营销战略行动进行规划，提升品牌在市场中的竞争力，这其中就包括对营销战略方式以及实施程度的选择（Wong & Merrilees，2007）。品牌导向实施目标还包括对外传播良好的品牌形象以及形成内部品牌愿景，因此整合营销传播成为保证品牌导向成功的重要手段。部分学者从品牌在外部市场或组织内部的表现效果出发，关注品牌导向的作用机理，在这部分研究中，品牌识别不仅被视为品牌导向的关键（Urde et al.，2013），也是品牌导向执行的外在表现，因此品牌导向对品牌识别具有积极影响（Reid et al.，2013）；品牌差异化体现了组织与竞争对手的区别程度，是组织品牌战略的一个重要目的，已有研究也证实了品牌导向对品牌差异化的显著作用（Wong & Merrilees，2007）。部分学者从组织内部出发，将内部品牌资产视为品牌导向发挥作用的关键变量（张婧和蒋艳新，2016）。以上因素不仅是品牌导向的直接结果，也会进一步影响市场绩效和品牌绩效，形成品牌导向与绩效结果的中介变量，但Baumgarth 等（2010）学者认为，品牌导向以品牌为核心进行持续营销投入，能够有效提升包括组织声誉、品牌意识、获取新顾客、顾客忠诚度以及市场份额等目标在内的整体营销效果，因此对营销绩效与财务绩效等指标具有直接促进作用。通过上述分析可以看出，品牌导向对营销战略行动与手段、品牌表现形式以及品牌资产具有直接影响，但对市场绩效和品牌绩效的作用机制尚未得出一致的结论，更重要的是，通过对已有文献中的结果变量进行梳理，有助于在未来研究中厘清不同结果变量间的逻辑联系。

三、B2B 品牌导向的研究启示

从品牌导向的已有研究可以看出，与顾客导向的企业重视获取和利用市场信息不同，品牌导向型企业往往具有清晰的品牌愿景和品牌识别，并围绕品牌愿景和品牌识别形成一套用于管理品牌和主要利益相关者关系的系统。现有文献大多将品牌导向置于广义的市场中展开研究，并未对消费者市场和产业市场进行区分，尽管 B2B 供应商和 B2C 企业都采用品牌导向，但 Baumgarth（2010）认为，这两类市场的内在差异会影响品牌导向的实现方式。首先，与消费者市场相比，产业市场中的购买决策流程更为复杂，该过程更为规范，并有对所购买的产品和服务有深刻了解的成员参与决策；其次，产业市场中顾客较少，交易过程更依赖人际关系，因此关系纽带在购买决策过程中发挥重要作用；最后，采购商与供应商通常会建立紧密联系，共同参与采购策略的制定和实施，这一行为特征使 B2B 品牌导向包含了比 B2C 品牌更为丰富的特征，如价值共创活动或关系治理等（张婧和邓卉，2013）。基于此，已有研究观点为 B2B 品牌导向提供了理论支撑，但尚未能全面解释 B2B 品牌导向的形成与效用，结合产业市场所具备的特征，本书认为应从以下三个方面对 B2B 品牌导向开展更为深刻细致的研究。

（一）研究视角的选择

迄今为止，与 B2B 行业特征相一致的品牌战略理论研究仍稍显不足。Had-jikhani 和 La Placa（2013）对过去 100 年的 B2B 营销文献进行回顾和梳理，总结出该领域大多基于两个理论视角开展研究：经济学理论视角和行为理论视角。从经济学理论视角出发，营销过程是为了获得经济利益，产业营销也不例外；行为理论视角则关注产业市场中的企业间如何通过建立牢固的关系达到互惠互利（包括财务利益）。有趣的是，最近 20 年来，B2B 行业的营销管理研究焦点正逐渐从经济学理论向行为理论转变。考虑到 B2B 供应商的品牌管理活动重心在于强化企业自身与其他组织之间的关系，因此从行为理论视角出发更有助于理解 B2B 品牌导向的本质。进一步看，当企业间交易是公平的并且能够实现互惠互利时，彼此的关系就会得到改善。在这种情况下，B2B 供应商具备了以品牌作为载体传递价值的基础，目的是更有效地吸引包括采购商在内的其他组织；但与此同时，B2B 供应商的内部环境也应该根据品牌价值开展行动，否则将导致企业无法创造出其所承诺的品牌价值。由此可知，品牌成为 B2B 供应商内外部环境协同的桥梁，这也能解释现实中强势 B2B 品牌的优势，就在于采用战略管理观念（如品牌导向）与内外部参与者建立牢固的关系。归纳起来，本书将采用行为理论视角，将 B2B 品牌导向视为一种战略管理方法，该方法以品牌价值为核心，发展或促进 B2B 供应商与其自身以及外部利益相关者的关系。

（二）前置变量的探索

现有研究已经针对品牌导向的前置变量展开一定程度的研究，但这部分研究的共性缺陷在于对品牌导向影响因素的识别并不清晰，尤其是未能对 B2B 品牌导向的内外部影响因素的作用进行分别检验，实际上这两类因素对不同类型品牌导向的影响并不相同（Apaydin，2011）。关注企业如何围绕 B2B 品牌实施战略导向的影响因素，不仅有助于深入理解企业为何选择 B2B 品牌作为战略实施的起点，也能为企业依据自身条件提高或降低 B2B 品牌导向实施意愿提供理论依据（Harrison-Walker，2014）；基于此，则应该区分 B2B 品牌导向过程中不同战略要素的作用（如资源、机会和能力等），关注在不同因素的影响下，企业关于 B2B 品牌导向的态度倾向（Reijonen et al.，2014）。总而言之，已有文献中存在的不足为本书关于 B2B 品牌导向前置变量的研究设计提供了启示，即结合供应商 B2B 品牌化的目标与具体活动，对 B2B 品牌导向的影响因素进行系统研究，同时检验内外部影响因素对 B2B 品牌导向的不同作用，以及检验两类影响因素的综合作用下企业对不同类型 B2B 品牌导向的选择机理。

（三）效用机制的检验

在品牌导向的绩效结果研究中，相关成果为 B2B 品牌导向的理论框架发展做出一定贡献，但这些研究结论在推广到 B2B 品牌导向实践中时，还存在一定的不足之处：一方面，缺少对两者关系的内在机理的探讨；另一方面，现有文献大多关注针对 B2C 市场的企业品牌导向问题，对产业市场中供应商品牌导向研究相当匮乏（Bridson & Evans，2004）。尽管部分研究意识到探讨品牌导向与企业绩效产出关系的重要性，也通过实证检验对两者关系进行了探讨，但这部分研究的结论并不一致，这种状况的形成缘于已有研究并未厘清品牌导向影响绩效的作用机制，更进一步看，现有文献对品牌导向与绩效关系间的中介变量认识也存在较大差距。同时，随着近年来 B2B 品牌在企业间交易中发挥的作用越来越重要，更需要对聚焦于 B2B 品牌的企业战略展开研究，Baumgarth 等（2013）在对品牌导向研究现状进行梳理的基础上，提出未来的品牌导向研究应该在不同情境下针对不同对象进行更深入的探索和挖掘，其中最为重要的情境之一就是针对产业市场，而其中应当给予重点研究的对象就是 B2B 供应商（Baumgarth et al.，2013）。从上述分析可知，该领域有待研究和解决的关键问题在于：首先，回答供应商企业的 B2B 品牌导向如何转化为绩效的问题，在该部分研究中，笔者认为 B2B 品牌能否在市场上取得成功，在很大程度上取决于供应商企业自身所掌握和可支配的资源，以及供应商企业与采购商之间的关系程度及类型，因此引入资源基础观、价值共创理论以及关系治理等理论观点，探讨 B2B 品牌导向对企业绩效的作用机理。其次，已有品牌导向文献主要以西方国家中的组织或企业为对象，考虑到产业市场特征具有较为明显的地域差异，上述研究结论在为我国供应商企业通过 B2B 品牌导向提升绩效时，提供的理论指导存在较大的局限性，因此有必要以我国的产业市场为情境，关注 B2B 供应商品牌导向的效用问题。

第二章　B2B品牌价值与B2B品牌导向

对B2B品牌导向展开深入研究，除借鉴B2C品牌导向已有研究结论外，更重要的是应当构建出能反映产业市场特征与企业间关系的B2B品牌导向研究框架。根据本书的观点，B2B品牌导向是以品牌价值为核心所开展的系统化战略管理方法，因此本章将以B2B品牌价值为切入点，在论述B2B品牌价值与B2B品牌导向关系的基础上，尝试构建B2B品牌导向的整合研究模型。

一、B2B品牌价值的内涵与类型

在面临产品同质性增强、市场竞争压力日趋加大、市场规范秩序的建立以及由通信技术发展所引发的人际关系淡化等一系列产业市场变化趋势的背景下，如何更好地为顾客和利益相关者创造价值，成为B2B营销领域越来越重视的议题（Lindgreen & Wynstra，2005）。本书借鉴Leek和Christodoulides（2011）的观点，认为在产业市场情境中，企业顾客从B2B品牌获取的利益集中体现为B2B品牌价值。围绕B2B品牌价值与品牌导向的关系，该部分将从不同的视角出发，对产业品牌价值的内涵、外延及其相关界定进行梳理。

（一）B2B 品牌价值的内涵

虽然在产业营销理论探讨和管理实践中都意识到 B2B 品牌价值的重要性，但迄今为止对 B2B 品牌价值如何界定尚未形成统一认知。通过对 B2B 品牌价值的相关研究进行梳理和回顾发现，理论界对 B2B 品牌价值的理解和界定可归纳为供应商和企业顾客两个视角：从供应商视角出发，B2B 品牌价值是指 B2B 品牌能为供应商企业提供的价值，如财务价值、市场绩效等；从企业顾客视角出发，B2B 品牌价值是指 B2B 品牌能为产业市场中购买者带来的利益。因此，对 B2B 品牌价值的理解也主要围绕这两个视角展开。

1. 供应商视角的 B2B 品牌价值

供应商视角的 B2B 品牌研究主要关注的问题是，供应商通过品牌形象塑造、品牌投入以及品牌资产形成等战略措施，是否能够提升 B2B 品牌自身的价值。Shipley 和 Howard（1993）首先关注产业市场中供应商品牌名称所产生的战略作用，并基于 1988 年英国产业供应商的数据，就品牌名称的感知利益、与企业绩效相关的品牌名称以及制造商品牌战略的采用等问题进行探讨；在该研究基础上，Michell 等（2001）认为，B2B 品牌价值的产生并不局限于受到品牌名称的影响，其核心问题应该是品牌产品差异化、品牌忠诚的驱动因素以及品牌资产产生等内容。经过问卷调研收集数据和实证分析，Michell 等（2001）将 B2B 品牌价值的研究结论归纳为以下五个方面：第一，产业市场中的供应商企业通过使用 B2B 品牌名称能获取很多利益，这些利益主要指供应商企业通过赋予产品特定的品牌名称，形成独特的产品识别和推动营销策略的成功，同时 B2B 品牌也是企业重要的资产来源。第二，产业市场中的企业顾客更愿意采购有品牌的供应商产品，而不是无品牌或者分销商品牌的产品，从供应链视角看，供应商 B2B 品牌以及分销商品牌都能为下游企业顾客的产品销售带来直接的市场份额增长，但供应商品牌在更广泛的范围内被采购商所使用。第三，B2B 品牌更容易使产业市场中的供应商企业实现竞争差异化，与缺少品牌的供应商产品相比，拥有 B2B 品牌的产品更容易帮助供应商企业在产业市场中获取战略竞争优势，而 B2B 品牌也成为供应商区别于其他竞争对手的重要资源。第四，提升品牌忠诚的影响因素对 B2B 品牌的成功至关重要，这些因素包括产品质量、产品可靠性、属性表现、服务等。第五，品牌资产对 B2B 品牌的成功很重要，通过对五点量表测量结果排序发现，供应商企业提升品牌资产是 B2B 品牌战略成功的关键。

上述研究基于供应商视角探索性地对 B2B 品牌价值展开探讨，但当时的营销界尚未对品牌价值做出明确界定，因此 B2B 品牌价值也一直未能引起理论界的重视。Raggio 和 Leone（2007）在已有品牌理论研究的基础上提出一个企业品牌价值分析的新框架，在这个框架中，品牌价值被界定为"品牌的销售价值或替换价值"，并进一步将品牌价值划分为两个层面：一个层面是现值（Current Value），另一个层面是适当价值（Appropriate Value）。在他们的论述中，现值体现为企业在特定时间点上，在所有外部条件都一致的情境下，企业品牌所体现出来的价值；适当价值是假设企业对所拥有的资产进行合理配置后获取的品牌价值。两类价值都体现了企业品牌未来收益的净现值，但现值是企业以现有战略、能力和资源为基础，为品牌现有者创造的预期价值，适当价值则是通过合理配置资源为企业创造的预期价值。Raggio 和 Leone（2007）对品牌价值论述的观点可以用图 2-1 来表示。

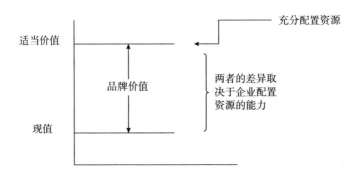

图 2-1 品牌价值层级

资料来源：Raggio R D，Leone R P. The theoretical separation of brand equity and brand value：Managerial implication for strategic planning ［J］. Journal of Brand Management，2007，14（5）：380-395.

上述观点对品牌价值做出了具体界定和推论，也推动后续研究进一步识别和区分 B2B 品牌价值与 B2C 品牌价值方面的差异性。Kirk 等（2013）在已有研究基础上，以广义的企业品牌为对象进行分析，将品牌价值视为企业的无形资产，提出品牌价值会影响企业股票价格，但随后的实证研究结果表明，对于 B2C 企业而言，品牌价值能显著影响企业的股票价格上涨，但对 B2B 供应商来说，品牌价值对企业股票价格影响的显著性还有待进一步检验。田凤权（2012）基于"2011 年全球 100 个最具价值品牌"排行榜，对其中的 IBM、GE、Cisco、Oracle 和 Intel 等 B2B 品牌进行分析，提出好的品牌能为产业市场中的 B2B 供应商带来良好的市值，有助于提高企业的融资能力与产品溢价水平。

2. 企业顾客视角的 B2B 品牌价值

产业市场中的采供双方都强调产品的物理属性是其保持竞争优势的基础，但实际上在产品属性相同和相似的情况下，仍有某些产业产品能比同类型产品获得更高的市场份额和溢出价格，对这些问题进行探索和分析，有助于帮助产业市场中的采供双方明确价值优势的来源。针对产业市场中有待解决的问题，Mudambi 等（1997）提出一种可替代解释：产业产品成功的源泉在于企业顾客对该产品价值的感知和评价。以该逻辑为基础，Mudambi 等（1997）进一步认为，要理解 B2B 品牌价值，必须从企业顾客预期价值的视角出发，对 B2B 品牌的每一种属性进行分析，因为 B2B 品牌价值是企业顾客所期望获得的一系列要素的集合，这些要素包括价格以及有形属性和无形属性的绩效。

De Chernatony（2002）提出，价值是 B2B 品牌的重要构成部分，因为品牌价值是顾客购买态度与购买行为的关键驱动因素。在上述研究基础上，Lynch 和 De Chernatony（2004）将 B2B 品牌视为功能价值与情感价值的集合，并提出尽管传统产业市场中更为关注包括产品特征和产品属性在内的功能价值，但情感价值才是 B2B 品牌提供附加价值和实现差异化的来源，B2B 供应商应该平衡品牌情感价值与功能价值，采用整体分析（Holistic Approach）的方法向企业顾客传递最大化的品牌利益。Glynn 等（2007）识别了 B2B 品牌与 B2C 品牌的差异，提出在产业营销领域一直存在一个错误的假设，即认为品牌价值只在 B2C 营销领域发挥作用，而在 B2B 营销中则是无任何效果也不受重视的；随后，通过对已有研究进行回顾，将研究问题聚焦于 B2B 供应商品牌对企业顾客所提供的利益上，并证实 B2B 品牌对采供双方关系的影响。Leek 和 Christodoulides（2012）通过文献回顾和对产业品牌经理访谈调研发现，在产业市场中，企业顾客对 B2B 品牌价值重要性的判断存在不同的观点，所持观点取决于被访者如何定义 B2B 品牌以及如何看待 B2B 品牌的要素构成。Leek 和 Christodoulides（2012）进一步提出，产业品牌价值不应该被简单解构为产品（服务）价值和附加价值，因为品牌本身就依托产品和服务而存在，在其研究框架中，功能和情感被视为产业品牌价值的核心，并认为环境因素和情境因素对企业顾客如何感知品牌价值产生重要影响。

（二）B2B 品牌价值与 B2B 品牌资产的区别

在品牌管理的已有文献中，品牌资产与品牌价值有时会交替使用，但大部分学者认为品牌资产与品牌价值既有联系也有区别。根据对两者关系界定的不同，这部分论述可以归纳为两种观点：一种观点认为品牌价值主要体现为品牌的财务价值，并指出品牌资产是品牌价值的来源；另一种观点则认为品牌价值体现在能为顾客提供的感知利益，因此品牌价值与基于顾客的品牌资产（Customer-Based Brand Equity）内容相一致。

在 B2B 品牌领域，关于品牌价值的探讨大多基于第二种观点，因此本书也仅就第二种观点对 B2B 品牌资产与 B2B 品牌价值的关系做进一步解释：一方面，B2B 品牌资产与 B2B 品牌价值在研究范畴上存在重叠。以往对 B2B 品牌资产的研究通常采用 B2C 品牌资产的范式，从供应商与企业顾客两个视角展开。从供应商视角出发，研究者关注 B2B 品牌资产能使供应商获取比无品牌时更多的利益，包括能赋予产品独特的识别与一致的形象（Michell et al.，2001），有助于供应商进入竞标清单（Wise & Zednickova，2009），并在议价过程中获取溢价（Low & Blois，2002），以及提高竞争者的进入壁垒（Ohnemus，2009）；从企业顾客视角出发，B2B 品牌资产则强调 B2B 品牌能为企业顾客提供的利益，包括为购买者传递无形价值与增加购买者的信心、提高购买者采购决策的满意度以及降低采购过程的感知风险与不确定性（Mudambi，2002）。关于 B2B 品牌价值的研究则集中在品牌为企业顾客提供的既得利益方面，较为一致的观点是将 B2B 品牌价值划分为功能型价值与情感型价值两种类型，其中功能型价值反映为企业顾客对产品信息的传递、产品质量的担保、服务支持以及购买价值等方面的判断；情感型价值则主要指品牌能为制造商提供的不同于竞争者的心理或无形价值，包括满意、信任、安心、可靠、愉悦等感知（Leek & Christodoulides，2012）。从这部分研究可以看出，B2B 品牌资产所关注与探讨的范畴大于 B2B 品牌价值，B2B 品牌价值更多与 B2B 品牌资产中顾客视角的研究内容相似。

另一方面，B2B 品牌资产与 B2B 品牌价值在作用机制上存在区别。首先，对 B2B 品牌资产形成的探讨通常聚焦于营销努力的影响（Kim & Hyun，2011），而 B2B 品牌价值的形成则以供应商能力、供应商特征以及供应商对资源的分配方式为基础（Han & Sung，2008）。其次，在 B2B 品牌资产的研究中，学者们往往关注品牌资产对市场绩效和盈利效果的影响（Baldauf et al.，2003）；而在 Leek 和 Christodoulides（2012）构建的 B2B 品牌价值框架中（见图 2-2），关系被认为是 B2B 营销研究领域的重要特征，与品牌资产相比，B2B 品牌价值的概念

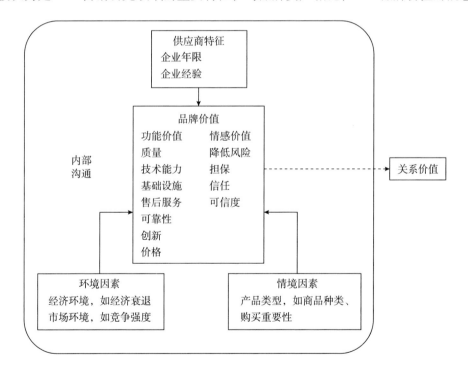

图 2-2 B2B 品牌价值框架

资料来源：Leek S，Christodoulides G. A framework of brand value in B2B markets：The contributing role of functional and emotional components ［J］. Industrial Marketing Management，2012，41（1）：106-114.

更关注在功能与情感利益推动下发展出的双方关系效果。在已有的实证研究中，B2B 品牌价值已被证实是顾客忠诚、顾客承诺与关系质量的影响因素，因此在以互动为特征的供应商——企业顾客关系研究中，B2B 品牌价值成为解释品牌化驱动因素与绩效结果的切入点。在区分 B2B 品牌资产与 B2B 品牌价值界定的基础上，对 B2B 品牌价值的结构维度进行分析，以厘清 B2B 品牌价值的构成，成为探索 B2B 品牌战略成功的基础。

（三）B2B 品牌价值的结构维度

Mudambi 等（1997）从企业顾客的视角介绍和描绘了 B2B 品牌价值模型（见图 2-3）：首先，B2B 品牌价值由产品绩效、分销服务、支持性服务和企业表现四个维度构成；其次，每个维度又可划分为有形价值与无形价值两个层面。产品绩效构成 B2B 品牌价值的基础，有形的产品绩效可以量化为产品不合格率、产品使用寿命等指标，无形的产品绩效则会受到不完全或相互冲突信息的影响，主要基于购买者的主观判断进行评价（Garvin，1987）；分销服务主要由订购、可获取性和交付等方面构成，其中有形的分销服务由准点送达率和延迟送达率等量化指标进行测量，无形的分销服务则取决于购买者对分销可靠性和分销所产生的附加价值的评价；支持性服务是指基于基本产品的附加性服务，有形的支持性服务可通过罗列服务项目、员工开展服务的时间和次数以及财务担保覆盖面等方面体现，无形的服务取决于供应商与企业顾客对服务理解的差异决定；企业表现是将供应商视为一个整体，在此基础上对产品、品牌和服务的判断，其中有形的企业表现体现在财务稳定性、盈利报告和市场份额等指标上，无形的企业表现则通过企业声誉、质量形象和原产国等方面来表现。

Glynn 等（2007）在对 B2B 渠道关系进行研究时认为，供应商的 B2B 品牌能在财务、客源和管理三个方面为企业顾客带来直接好处。在财务价值方面，B2B 品牌体现在能增加下游顾客的边际利润、提高价格折扣和溢出价格，这也是企业顾客最为看重的价值；客源价值体现在 B2B 品牌能为企业顾客带来更多的终端客户，B2B 品牌必须意识到和满足企业顾客在获取与维系终端客户方面的需求，并通过创造和传递品牌价值实现优于竞争对手这一目标；管理价值是指通过技术

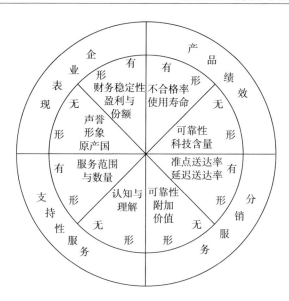

图 2-3　企业顾客视角的 B2B 品牌价值车轮模型

资料来源：Mudambi S M，Doyle P，Wong V. An exploration of branding in industrial markets［J］. Industrial Marketing Management，1997，26（5）：433-446.

支持、减轻企业顾客的营销压力以及分享市场信息等途径，降低企业顾客的交易成本和运营成本，对企业顾客而言，强大的 B2B 品牌不仅意味着较高的产品质量，也意味着充分的技术支持、完善的服务体系、及时的交付系统以及优越的员工素质。

　　以上观点虽然较为系统地构建出 B2B 品牌价值所应包含的维度，但都未对这些维度进行实证检验。在这些观点基础上，部分学者强调 B2B 品牌首先应该体现功能导向，即 B2B 品牌需要为企业顾客提供实质性的利益，并对此展开大量研究。归纳起来，B2B 品牌的功能价值通常强调并向企业顾客传递以下四种类型的利益：①信息功能。在产业市场中，B2B 品牌的价值首先体现在传递产品和企业相关的信息上，即产业供应商以品牌为载体，向企业顾客提供满足他们购买决策需要的各类信息（Brown et al.，2012）。②降低感知风险。产业市场中交易过程的风险程度比消费者市场高，不仅因为企业顾客每次采购数额巨大，还因为企业顾客购买的目的是消费，以及通过投入再生产获取利润，在面对采购决策中的不确定性时，B2B 品牌往往成为企业顾客评价产品质量的重要标准，具有较高声誉的产业品牌能有效降低企业顾客的感知风险水平和不确定性（Backhaus et al.，2011）。③提高感知质量。相较于产业市场中无品牌产品，企业顾客更倾向于认为有品牌产品的质量更高，因此 B2B 品牌能够影响企业顾客对产品和服务质量的评价（Persson，2010）。④实现差异化。Lynch 和 Chernatony（2007）提出，品牌塑造和传播有助于企业顾客在充满"理性导向"与"问题导向"的产业市场中感知到产品的差异化。

这些研究证实了 B2B 品牌确实能为企业顾客提供多重功能价值，但正如 Roper 和 Davies（2010）所言，假如 B2B 品牌片面地强调能为企业顾客带来的功能价值，会很容易被同行业的竞争对手模仿和超越。因此，有部分学者认为 B2B 品牌能为企业顾客带来情感方面的价值，并开始从情感导向的视角对 B2B 品牌价值进行探讨。Roper 和 Davies（2010）提出，产业品牌有助于企业顾客通过该品牌的定位和个体认知获取情感层面的利益，包括放心、舒适和满足等；Wuyts 等（2009）认为，B2B 品牌能为市场中的交易双方提供一种情感联结，通过情感联结能唤起企业顾客对供应商的信任感，从而维系双方的合作关系；在 Herbst 等（2011）针对产业市场开发的品牌个性量表中，B2B 品牌情感层面的维度包括可靠性和感知性两类，其中可靠性维度对供应商与企业顾客的关系有直接影响，而感知性维度则会提升 B2B 品牌的自我声望；Mudambi（2002）则认为，B2B 品牌能为企业顾客的采购决策过程提供舒适的感觉，并由此增加企业顾客选择该供应商的信心。

通过对已有研究进行回顾，Leek 和 Christodoulides（2012）借鉴消费者品牌价值的框架，把 B2B 品牌价值划分为功能型和情感型两类，并在其研究中对两类 B2B 品牌价值进行了具体论述，构建出一个产业品牌价值框架（见图 2-2），系统地从企业顾客感知的视角归纳出 B2B 品牌的功能价值与情感价值。

二、B2B 品牌价值成长驱动因素

虽然 B2B 品牌价值在供应商获取市场优势地位和形成持续竞争力方面具有重要作用，但是 B2B 品牌价值成长究竟由哪些因素驱动，迄今尚未形成统一的认知。该部分将采用案例研究法，对 B2B 品牌价值成长的驱动因素进行探索和分析。

（一）理论基础

1. 企业资源驱动的 B2B 品牌价值

Vargo 和 Lusch（2005）提出"营销应当首先关注价值共创与价值关系"的命题，并以此为基础从利益相关者的视角探讨品牌价值的形成。该篇文章聚焦于品牌经理所关注的两个问题：第一，我们的品牌价值处于什么位势？第二，品牌价值是如何（共同）创造出来的？在回答这两个问题的过程中，Vargo 和 Lusch（2005）认为，识别利益相关者价值关系是理解和优先发展品牌价值的关键。借鉴这一观点，Jones（2005）从关系绩效的角度出发，探讨品牌价值形成的两条路径：其一，体现为品牌价值是通过利益相关者的一系列关系创造的，这类价值必须置于每组个体关系的基础之上；其二，品牌价值是通过利益相关者的互动和双边关系创造的。这两条路径都认为关系网络是企业所特有的资源，同时也是企业品牌价值创造的基础。尽管上述观点并未区分 B2B 品牌与 B2C 品牌的差异，但这一分析逻辑为 B2B 品牌价值创造提供了借鉴。例如，Schmidt 等（2007）指出，在产业市场中，供应商应努力维系与企业顾客的关系，这是满足企业顾客特殊需求、为双方关系创造价值的前提；Beverland 等（2007）的研究表明，B2B 供应商应努力成为关键顾客的"解决方案供应商"，通过共同商讨解决问题提高企业顾客的价值感知，这是 B2B 品牌价值传递的重要前提。

Linder 和 Seidenstricker（2010）从资源基础观的角度出发，对 B2B 品牌如何才能成为企业有价值的资源进行阐释。与 Jones（2005）从企业外部资源的角度探讨 B2B 品牌价值不同，Linder 和 Seidenstricker（2010）从企业内部资源出发，肯定了品牌转化为企业资产的可行性，但其并未考虑产品本身的资源特性，即何种产业产品才能有效转化为稀缺的企业资源。Backhaus 等（2011）提出，在产业市场中，与无形产品或系统类产品（如金融服务、化工原材料、管理咨询等）相比，有形产品（如博世公司研发和生产的汽车零部件）的可识别程度更高，在吸引终端消费者方面能发挥更显著的作用，因此对企业顾客的吸引力也更大；Kotler 和 Pfoertsch（2010）认为，如果 B2B 产品技术复杂，则它对终端产品的功能影响更大，因此技术复杂性也是 B2B 产品能否有效传递品牌价值的基础，如 B2B 品牌化通常出现在计算机、汽车和电子产品等领域，因为这些领域的制造商希望通过增强零部件的技术特征来提高终端产品的差异化程度；卢宏亮和李桂华（2014）提出，B2B 产品本身的资源特征也会影响品牌价值传递的效果，根据资源基础观，只有当某种产品的构成本身是有价值的、稀缺的、不能被模仿或取代的，这类产品才能成为获取竞争优势的关键资产，其所依托的品牌才能被企业顾客所感知，如莱卡（Lycra）是一种从石油中提取的化学纤维，具有其他制衣原材料所没有的超强弹性，因此能够被成衣制造商采用并作为凸显服装产品核心价值的产业品牌。

资源基础理论对 B2B 品牌价值发展和实践指导的作用主要体现在以下两个方面：首先，品牌最初被定义为一组名称、单词、符号、标志或设计的集合，其作用在于将所销售的产品和服务与竞争对手区别开来，随着品牌在满足顾客需求、维系顾客忠诚和为企业获取溢价等方面的作用越来越显著，品牌逐渐被视为企业的一种战略性资源。其次，品牌的价值定位以向顾客提供额外收益为基础，由于顾客倾向于认为带有标识的产品比无标识的产品能提供更高收益，因此将产品标识视为企业一种自我创作或市场交易的内部资产。根据这一逻辑，B2B 产品若想品牌化且通过创造和提供价值成为 B2B 供应商获取竞争优势的依据，就必须满足一定的资源特性。

上述研究从产品本身的资源特征出发，对 B2B 品牌价值产生的依托进行了详细阐述，此外，B2B 品牌在终端产品中的差异化作用也被认为是品牌价值创造的重要来源。Ghosh 和 John（2009）认为，制造企业的要素品牌化决策受到供应商产品差异化的影响，即供应商产品与同类产品相比是否具有更为优越的属性以及该产品是否能为制造企业在终端市场竞争中带来优势地位。Kotler 和 Pfoertsch（2010）也认为，B2B 品牌应该具有高度差异化，才能为企业顾客创造可持续价值，如英特尔（Intel）在消费者心目中有较高的认知度和美誉度，这是它与其他同类芯片供应商相比最大的优势；美克邦（Microban）则拥有全球最佳的内嵌式抗菌处理技术，因此成为工程安全市场中的领导品牌。张东利（2013）提出，B2B 品牌应该在终端消费者产品的功能上发挥重要作用，这样才能更好地被消费者识别和体验，从而成为制造商评估该产业品牌的依据。

2. 企业能力驱动的 B2B 品牌价值

通过满足企业顾客的需求为其创造价值，是供应商在企业间交易中处于关键地位的基础，因此供应商能力被视为一种为企业顾客解决问题并满足其需求的技能、知识和资源（Han & Sung，2008）。在产业市场中，B2B 品牌价值的传递不仅要以为企业顾客提供优质产品和服务为基础，还需要具备快速响应和解决企业顾客的问题并保持有效合作的能力，因此 B2B 供应商能力又被归纳和概括为满足企业顾客需求的能力（Ford，2002）。Han 和 Sung（2008）提出，供应商能力主要是指为企业顾客解决问题和满足其需求的综合能力，是一组知识与技能的集合，因此该研究对不同的供应商能力进行整合，并证实企业顾客对供应商能力感知越高，越倾向于提高对该供应商品牌价值的判断，同时也会提升企业顾客交易过程中的满意度和关系绩效，该研究的理论模型如图 2-4 所示。

图 2-4　供应商能力作用机制模型

资料来源：Han S L, Sung H S. Industrial brand value and relationship performance in business markets—A general structural equation model ［J］. Industrial Marketing Management，2008，37（7）：807-818.

Beverland 等（2007）基于"品牌在企业顾客购买决策过程中扮演重要角色"的观点，识别和构建了影响产业品牌全球领导力的能力体系。通过多案例对比分析，该研究围绕产业品牌的供应商能力，具体划分为聚焦于品牌识别的能力

(Capabilities Centric Brand Identity) 和企业层面的品牌支撑能力 (Firm-Level Global Brand Supportive Capabilities) 两类,其中聚焦于品牌识别的能力包括关系支持、合作网络、支配品牌构架与提供整体方案、为终端品牌增加价值、量化品牌隐性特征五类子能力;企业层面的品牌支撑能力包括创业能力、柔性能力、创新能力、品牌主导逻辑、执行能力五类子能力。Ballantyne 和 Aitken (2007) 以服务主导逻辑 (Service-Dominant Logic) 为基础,认为企业顾客对任何品牌价值的判断都是一个临时性的并在行动中加以检验的过程,因此在交易过程中体现绩效和可靠性成为供应商实现价值主张的关键能力。Golfetto 和 Gibbert (2006) 在研究"基于能力的营销"时发现企业顾客是依据评价供应商资源与能力来选择合作对象,这个过程既包括企业顾客在合同签订前对供应商进行能力评估,也包括合同签订后双方经验性合作的传递能力的过程。由此可见,产业市场中的供应商以能力为基础向企业顾客传递品牌价值时,不应该仅仅强调产品特征方面的能力,也应该提升与客户沟通和互动的能力。

Beverland 和 Napoli (2007) 围绕 B2B 品牌价值形成的构成要素,即产品、服务、物流、适应和咨询,提出 B2B 供应商应围绕这些要素构建不同的能力以满足企业顾客的不同需求。为在市场中塑造一个强有力的 B2B 品牌识别,供应商既可以围绕单一要素进行能力培育和资源投入,也可以对这些要素所要求的能力进行整合,构建一个有助于传递 B2B 品牌价值的综合体现,而后者更有利于供应商向顾客传递一种更灵活更具适应性的品牌定位,有助于针对不同细分市场的企业顾客进行 B2B 品牌价值传递。假如供应商能围绕上述要素构建起相应的能力,即能够创造出竞争对手难以复制的差异化,同时也可以向企业顾客传递有意义和相互关联的价值主张。该研究还揭示了 B2B 品牌价值创造过程应该考虑企业顾客的类型,根据 Beverland 和 Napoli (2007) 的案例探讨,企业顾客依据采购关注点的不同可划分为不同的类型,有的企业顾客关注产业市场中有形的、与产品相关的利益;有的企业顾客则关注无形的、抽象关联的利益 (见图 2-5)。关注点的差异也决定了企业顾客对供应商塑造 B2B 品牌能力评价的不同,因此 B2B 供应商在进行能力和资源投资时,应该持续了解顾客需求和购买要求的变化,以确保能创造出有效满足顾客期望的 B2B 品牌价值。

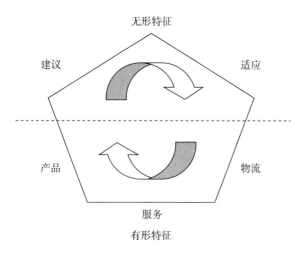

图 2-5 B2B 品牌识别构成要素

资料来源：Beverland M，Napoli J. Branding the business marketing offer：Exploring brand attributes in business markets ［J］. Journal of Business & Industrial Marketing，2007，22（6）：394-399.

（二）研究设计

1. 研究方法

本章研究关注的问题是"什么因素驱动了 B2B 品牌价值成长"，但该议题缺乏充实的研究基础。鉴于研究问题的丰富性和探索性特征，可以对若干个具有共性的案例进行分析解读，如果这一系列案例中有多个发现支持某个结论，则可以认为这些案例的研究发现具有可推广性（Yin，2007）。基于此，本章采用多案例研究的方法对影响 B2B 品牌价值成长的因素展开探讨。在对数据和资料进行归纳时，本章遵循 Strauss 等（2014）提出的开放式编码、主轴式编码与选择式编码的方法，首先从大量资料中挖掘范畴，其次识别范畴的内涵与外延，并对范畴间的逻辑联系进行归纳，最后构建理论模型。

2. 案例选择

制造业在我国 B2B 产业中占据很高的比例，同时也是我国国民经济发展的基础和重要支撑，无论是制造业总量变动还是结构调整，都会直接或间接地影响我国国民经济的发展水平。针对我国制造业仍处于全球产业链和价值链中低端的不足，在 2016 年的《国务院办公厅关于发挥品牌引领作用 推动供需结构升级的意见》（国办发〔2016〕44 号）中，明确提出要推出一批制造业精品，实现增品种、提品质、创品牌的主要目标。由此可见，无论产业占比还是政策支撑，都为我国 B2B 制造业的品牌价值研究提供了丰沃的土壤。

本章所选择的样本企业均位于重庆，原因在于：第一，重庆是我国制造业的重要基地，该市制造业不仅在全国范围内已经形成良好的产业基础和相对优势，而且由于具有汽车制造、电子和高端装备等较为完整的产业链，从中选择 B2B 企业样本具有较好的代表性；第二，遵循案例研究的可接近性原则，项目组主要通过自身人际关系寻找样本企业，这种弱连带的人际关系网络有助于样本企业在情感上接受深度访谈。通过对重庆 B2B 制造业中的企业进行筛选和联系，项目组将案例的样本数量确定为 4 家企业，这 4 家样本企业均符合以下标准：①样本企业均属于 B2B 制造行业；②样本企业品牌为该企业自有，且品牌建设处于发展或成熟阶段，能满足项目组了解 B2B 品牌价值成长实际情况的目的；③样本企业发展速度较快，在市场中具有较高知名度，以保证研究结论对其他企业具有借鉴意义。4 家制造型企业基本情况如表 2-1 所示。

表 2-1 样本企业访谈情况汇总

样本企业	所属行业	访谈对象	访谈时长
QS	汽车制造业	每家企业访谈 1 名高层领导、2 名中层领导和 2 名普通员工，共计 20 人次	高层领导每人 1 次，每次约 40 分钟；中层领导每人 2 次，每次约 40 分钟；普通员工每人 1 次，每次约 30 分钟，共计 13 个小时
SLGD	电气机械和器材制造业		
GP	电气机械和器材制造业		
HB	医药制造业		

注：由于项目组未能获取企业授权，因此样本企业名称均采用品牌名称的字母缩写表示；所属行业按照国家统计局 2017 年发布的《国民经济行业分类与代码（GB/T 4754-2017）》进行归类。

3. 数据收集方法

数据收集以半结构访谈为主，二手资料收集为辅。在访谈资料收集方面，项目组拟定好半结构化访谈大纲，对案例企业进行深入访谈，每个样本企业的访谈对象包括高层领导、中层领导以及市场部（或营销部）普通员工。对高层领导访谈，有助于项目组从顶层设计角度了解样本企业对品牌价值成长的看法和观点；对中层领导访谈则有助于项目组深入了解品牌运营职能部门的措施和策略；

对普通员工进行访谈可以掌握企业基层在品牌价值成长过程中的作用。通过构建合理的访谈样本框，能够做到从多元化信息渠道归纳研究发现、解释和结论，提升案例研究的效度。通过对访谈录音和笔记进行整理，共形成约 3 万字的文稿。除访谈外，项目组还使用其他方法收集二手资料对信息源进行补充，具体包括企业的官方网页、内部报刊和相关的公开文件，以及利用互联网搜寻与样本企业有关的新闻、文章或数据，该部分资料约 5.5 万字。将收集的资料和数据进行归类整理并形成文档后，将文档以电子邮件的方式提供给样本企业，在确保资料真实性的同时也增加结论的信度与效度。

（三）研究过程

1. 开放式编码

开放式编码针对收集到的资料进行概念化和范畴化，对资料进行整理和编号，并依据一定的原则进行归类以形成概念，然后对概念进行重组，形成范畴。项目组开放式编码的流程如下：①形成标签。解读访谈资料，从中抽离出 225 个与研究主题相关的标签，每个标签用 t_x（x 赋值为 1~225）表示。②概念化。依据同一性原则对标签所反映的问题进行判断和归类，整合成 89 个概念，每个概念用 c_x（x 赋值为 1~89）表示，部分标签化和概念化编码示例如表 2-2 所示。③提炼子范畴。为将意义分散且彼此之间关系模糊的概念联系起来，项目组对具有相关性、同义性和归属性的概念进行比较整理，最终归纳出 20 个子范畴（见表 2-3），范畴用 C_x（x 赋值为 1~20）表示。

表 2-2　部分标签化和概念化编码示例

访谈资料	标签	概念
我们已经通过 ISO9001 和 ISO/TS 16949 质量体系认证，在行业处于领先水平（t_1）…QS 公司先后购置了 100 余套完善的电线电缆产品检测设备，并建立了完善的检测机制，为产品质量稳定提供了强有力的保障。（t_{155}）…GP 我们公司的原料药产品质量已经达到国际标准要求（t_{186}）…HB ……	t_1 质量认证；t_{155} 质量检测机制；t_{186} 国际质量标准	c_1 提高产品质量（t_1、t_{155}、t_{186}）

续表

访谈资料	标签	概念
我们获得政府、工会和媒体颁发的社会荣誉称号十多个（t_{53}）…QS 我们凭借蓝宝石技术成为全国 LED 行业技术领军企业的前 20 强，前年（2016 年）还拿到高工 LED 金球奖（t_{97}）…SLGD 公司先后获得"中国驰名商标""全国工业品牌培育示范企业""重庆市著名商标""重庆市名牌产品"等称号（t_{144}）…GP 我们的产品和创新团队连续 3 年获得重庆市科学技术奖（t_{217}）…HB ……	t_{53} 社会荣誉；t_{97} 技术荣誉；t_{144} 打造名牌；t_{217} 市级奖项	c_{24} 争取荣誉奖项（t_{53}、t_{97}、t_{144}、t_{217}）
我们很重视品牌估值，上一轮品牌评估中，公司的品牌强度为866.5 分（t_{14}）…QS 公司形成一套围绕品牌为核心的资源分配模式（t_{74}）…SLGD 在皮肤病、结核病治疗领域，品牌是我们的主要竞争力（t_{193}）…HB ……	t_{14} 关注品牌强度；t_{74} 品牌资源配置；t_{193} 以品牌为竞争力	c_{35} 重视品牌建设（t_{14}、t_{74}、t_{193}）
汽车零部件生产是高耗能产业，我们公司通过 GB/T 24001 环境管理体系认证，在加大生产投入的同时也更关注对环境的影响（t_3）…QS 公司厂区建设采用了生态循环系统，努力做到节能减排（t_{111}）…GP 重庆市环保局出具了关于公司废水、噪声达标监测报告，目前本公司不存在环保问题（t_{172}）…HB ……	t_3 环境认证；t_{111} 节能减排；t_{172} 环境监测	c_{54} 关注环保（t_3、t_{111}、t_{172}）
我们与重庆理工大学联合成立的试验中心，已经成为我们提高变速器总成试验技术的研发中心，既适用于教学也用于技术发展（t_{48}）…QS 结合科研院校的人才优势，我们与科研院校形成战略合作关系，发挥各自的特长，实现人才培养和生产效率改进的双重目标（t_{136}）…GP ……	t_{48} 共建研究中心；t_{136} 产学合作	c_{71} 产学研合作（t_{48}、t_{136}）
我们把 LED 市场细分为 22 个子市场，根据不同市场的用户特征，对不同的销售渠道进行规划管理（t_{89}）…SLGD 每年根据市场信息变化的影响对经销商进行跟踪评估（t_{125}）…GP 原料药品牌扩张需要对销售渠道进行严密监测管理（t_{192}）…HB ……	t_{89} 细分渠道管理；t_{125} 经销商评估；t_{192} 渠道监控	c_{82} 完善渠道管理系统（t_{89}、t_{125}、t_{192}）

资料来源：由笔者收集整理而成，下同。

表 2-3　提炼子范畴

编号	子范畴	概念
C_1	构建生产监控体系	c_1 提高产品质量、c_7 产品检验检测制度、c_{15} 生产信息管理、c_{37} 产品设计周密
C_2	加大研发投入	c_2 自主研发投入、c_4 加强协作研发、c_6 技术引进、c_{52} 申请专利
C_3	配套资源投入	c_3 完善生产设备、c_8 扩大生产场地、c_{11} 提高生产能力、c_{36} 增加固定资产比重
C_4	顶层设计	c_5 高管团队品牌观念、c_{10} 出台扶持政策、c_{35} 重视品牌建设、c_{43} 把握政策趋势
C_5	调整组织结构	c_9 设置品牌管理岗位、c_{22} 建立专业团队、c_{25} 多部门协同、c_{62} 权责重新分配
C_6	市场信息管理	c_{16} 开展市场调研、c_{19} 动态分析市场变化、c_{30} 关注竞争者情况、c_{41} 建设 CRM 系统、c_{85} 供需调控
C_7	打造专业人才队伍	c_{14} 多渠道人才引进、c_{26} 员工培训、c_{31} 复合型人才需求、c_{39} 制定人才管理办法
C_8	贯彻经营理念	c_{12} 明确企业宗旨、c_{34} 提倡工匠精神、c_{42} 体现商业价值、c_{53} 传播宣传口号
C_9	承担社会责任	c_{23} 开展扶贫活动、c_{44} 实施社会捐助、c_{54} 关注环保、c_{61} 组织员工志愿队伍
C_{10}	员工品牌内化	c_{13} 增加内部沟通渠道、c_{27} 形成员工的品牌共识、c_{55} 提高员工品牌契合、c_{63} 鼓励员工参与品牌建设
C_{11}	升级销售渠道	c_{20} 发展电商渠道、c_{46} 尝试直销配送、c_{65} 线上线下整合、c_{82} 完善渠道管理
C_{12}	采用多种促销手段	c_{28} 举办公关活动、c_{32} 加大广告投放力度、c_{56} 线上信息推送、c_{64} 完善促销人员激励方案、c_{81} 构建价格折扣体系
C_{13}	提升产品议价能力	c_{17} 提供增值服务、c_{45} 精准满足顾客需求、c_{66} 提升顾客体验、c_{84} 提高产品不可替代性、c_{86} 扩展产品功能
C_{14}	拓展海外市场	c_{29} 参加国际展会、c_{47} 海外并购、c_{57} 建设海外基地、c_{74} 海外资本运作、c_{77} 成立境外研发中心
C_{15}	与科研机构合作	c_{38} 成立高校实训基地、c_{40} 实行订单培养、c_{67} 设立博士后工作站、c_{71} 产学研合作
C_{16}	加强上下游合作	c_{18} 供应商数据共享、c_{70} 与供应商合作研发、c_{75} 与供应商共担风险、c_{78} 加强与经销商沟通、c_{79} 提供经销商培训、c_{83} 为经销商提供销售支持
C_{17}	与顾客价值共创	c_{21} 对顾客进行培训、c_{48} 收集顾客反馈、c_{72} 顾客参与产品研发、c_{80} 促进顾客间互动

编号	子范畴	概念
C_{18}	强化品牌差异	c_{33} 调整品牌定位、c_{51} 引入 CIS、c_{59} 优化产品结构、c_{87} 避免被对手模仿、c_{89} 体现品牌独特性
C_{19}	扩大市场影响力	c_{24} 争取荣誉奖项、c_{49} 制定行业标准、c_{60} 扩宽产品线、c_{68} 提升品牌知名度、c_{76} 进军高端市场
C_{20}	加强品牌保护	c_{50} 注册商标、c_{58} 打击假冒伪劣产品、c_{69} 专业防伪技术、c_{73} 知识产权保护、c_{88} 品牌危机处理

2. 主轴式编码

主轴式编码的目的在于以访谈资料为基础，对子范畴进行整合并形成一个主范畴，形成能概括性反映关于"B2B 品牌价值成长驱动因素"现象的内在逻辑。项目组采用"行动—结果"的编码逻辑来确定各子范畴之间以及子范畴与概念之间的关系联结，进而发展出主范畴。根据上述逻辑，本章从 20 个子范畴中共提炼出 6 个主范畴，具体结果如表 2-4 所示。

表 2-4　主轴式编码结果

主范畴	子范畴	行动—结果
提升产品品质	配套资源投入 加大研发投入 构建生产监控体系	制造型企业以增加配套资源投入（生产设备、生产场地、生产能力、固定资产）为基础，以加大技术研发投入（自主研发、协作研发、技术引进、申请专利）为动力，以构建生产监控体系（产品质量、产品检测检验、生产信息、产品设计）为保障，达到提升现有产品品质的目的
完善管理制度	市场信息管理 顶层设计 调整组织结构 打造专业人才队伍	企业在市场信息管理（市场调研、分析市场变化、关注竞争者、建设 CRM、供需调控）的基础上，通过顶层设计（品牌观念、出台政策、品牌战略导向、政策趋势）制定品牌发展规划，配合组织结构调整（品牌管理岗位、专业团队、多部门协同、权责重新分配）和专业人才队伍打造（人才引进、员工培训、复合型人才、人才管理办法），将品牌管理措施制度化
培育组织文化	贯彻经营理念 承担社会责任 员工品牌内化	企业通过贯彻经营理念（企业宗旨、工匠精神、商业价值、宣传口号），向外承担社会责任（扶贫活动、社会捐助、关注环保、员工志愿者队伍），向内推动员工品牌内化（内部沟通、形成员工品牌共识、员工品牌契合、员工参与品牌建设），培育出有助于提升品牌优势的组织文化

续表

主范畴	子范畴	行动—结果
创新营销策略	销售渠道升级 采用多种促销手段 提升产品议价能力 拓展海外市场	企业可以从升级销售渠道（电商渠道、直销配送、线上线下整合、渠道管理）、采用多种促销手段（公关活动、广告投放、线上推送、促销激励、价格折扣）、提升产品议价能力（增值服务、精准满足需求、顾客体验、产品不可替代性、扩展功能）、拓展海外市场（国际展会、海外并购、海外基地、海外资本、境外研发）等方面入手，创新营销策略以开拓新的市场机会
建立外部联结	与科研机构合作 加强上下游合作 与顾客价值共创	企业通过与科研机构合作（高校基地、订单培养、博士后工作站、技术联合体）、加强上下游合作（数据共享、合作研发、共担风险、加强沟通、提供培训、提供销售支持）、与顾客价值共创（顾客培训、收集反馈、参与研发、促进顾客间互动）等方式，建立多方联结的外部网络创新性地寻求发展机会
重塑品牌形象	强化品牌差异 扩大市场影响力 加强品牌保护	企业应强化品牌差异（品牌定位、引入 CIS、产品结构、避免模仿、体现独特性），加强品牌保护（荣誉奖项、制定标准、扩宽产品线、品牌知名度、高端市场），扩大市场影响力（注册商标、打击假冒伪劣产品、防伪技术、知识产权、危机处理），达到塑造新的品牌形象适应市场变化的目的

3. 选择式编码

选择式编码是结合案例样本的现象描述，对主范畴的内涵与归属进行梳理和挖掘，经过系统分析识别和选择核心范畴，并将核心范畴与标签、概念及范畴联结成一个整体，最终呈现访谈资料中的故事线。项目组围绕"B2B 品牌价值成长的驱动因素"的核心议题，在对原始资料进行分析和整理的基础上，借鉴董保宝和向阳（2012）的观点，将主轴式编码提取出的 6 个主范畴归纳为机会因素、资源因素与团队因素三个核心范畴，本章中的主范畴与核心范畴关系结构及实例如表 2-5 所示。

表 2-5　主范畴与核心范畴的关系结构及实例

核心范畴	主范畴	主范畴的内涵	实例
机会因素	创新营销策略	创新营销策略是指制造型企业对营销方式和手段的创新。相较于制造业传统营销策略，实施创新策略能弥补其过度依赖经销商、产品附加值低以及促销手段单一的弊端，为提升顾客品牌价值评价、拓展品牌发展空间提供新的视角和机遇	公司的原料药主要销往欧美等 20 多个国家和地区，现在新的生产基地搬迁新建项目基本建成，目的就是打通产业链，整合营销资源，通过创新性的优化产业生产链条，形成良好的产业配套，最终帮助提高公司医药原材料的市场占有率（HB）

核心范畴	主范畴	主范畴的内涵	实例
机会因素	建立外部联结	建立外部联结是指制造型企业与外部其他组织、部门或个人构建起的关系集合。建立外部联结成为制造型企业在竞争加剧的市场中突破品牌成长空间瓶颈，寻求新的市场发展机会，并最终获取品牌优势地位的重要手段	公司依托蓝宝石晶片为衬底的封装技术，使 LED 行业很多著名企业成了我们的客户，而且我们和这些客户之间不仅是供需关系，还是战略合作关系，在共同开发新技术、拓展新市场方面一起发力，进一步巩固了我们的品牌在行业中的口碑（SL-GD）
资源因素	提升产品品质	提升产品品质是指制造型企业以产品质量为基础，通过流程监控、技术研发和资源投入等手段提高产品的固有特性以更好满足顾客需求。产品品质是品牌生存与发展的基础，企业只有重视产品品质，品牌价值才得以体现并实现增长	为了打造精品品牌的形象公司建立起了产品全过程的质量管控机制，生产、运输、储存、交付环节实行"零缺陷"管理，在产品合格证上印制特殊的"密码"，记录操作工人、检验员、生产车间等具体信息，以便在出现质量问题时追溯责任（GP）
	重塑品牌形象	重塑品牌形象是指制造型企业根据市场需求的变化，通过重新定位和推广品牌形象，提高品牌知名度进而产生新的品牌号召力。作为企业无形资产的重要组成部分，重塑品牌形象有利于企业形成品牌效应，凝练及提升品牌核心价值	公司系统建立了品牌培育管理体系，在掌握市场变化趋势和顾客需求动态发展的前提下，通过扩展品牌空间和打造品牌文化，不断提高企业品牌的培育水平。从重庆名牌到中国驰名商标，也是公司推动品牌形象升级取得良好成效的一个缩影（QS）
团队因素	完善管理制度	完善管理制度是指制造型企业建设与健全企业员工须共同遵守的规定和准则，是对管理方针、方法和手段等制度化安排的优化与调整。完备的制度能够保障品牌运营这一复杂活动以价值创造为核心，实现管理流程的标准化和规范化	公司在创新成果认定、专业职务评聘、员工技能培训等方面设计了规范的规章制度，并给予那些对企业荣誉有突出贡献的个人和部门奖励，而这些措施也激发了员工的全员创新意识和主人翁精神，形成公司坚实而难以模仿的品牌核心竞争力（GP）
	培育组织文化	培育组织文化是指制造型企业在生产经营和管理活动中所孕育的，能体现企业价值观念和行为准则的精神形象和物化形态。组织文化的外在效应与内在作用都对品牌价值创造和传递具有显著影响，是品牌扩大社会影响力的重要支撑	公司培育出完善的组织文化体系，包括六大重要理念、四条行为准则和七个方面的形象识别标志。公司做组织文化不是为了面子工程，而是将"打造世界一流变速器企业"的品牌内涵贯穿其中，使我们的品牌由内到外地得到员工、顾客及社会的认同（QS）

4. 多案例研究发现

该部分以 4 家制造型 B2B 企业为样本，围绕其品牌价值成长过程，采用规范的案例研究方法对资料中的关键事件和行动进行编码分析，结果表明 4 家同属于制造业的 B2B 企业在品牌价值成长驱动因素方面具有一定相似性。

（1）机会因素的驱动作用。在供给侧改革的背景下，我国企业所依赖的基于生产要素投入的规模经济已经达到了极限，现有市场扩张和产品成本领先的正向效应逐渐被多元化的顾客需求所抵消。尤其对处于制造行业中的 B2B 供应商而言，为了在快速变化的外部环境中实现品牌价值持续增长，需要寻求并把握新的发展机会，而新的机会来源包括未被意识到或未被充分满足的市场需求，以及供应商创造价值满足多方需求的能力（Shane，2005）。根据本书的研究发现，驱动 B2B 品牌价值成长的机会因素包括创新营销策略和建立外部联结两个主范畴，其中创新营销策略有助于供应商准确识别企业顾客动态变化的需求，采用创新营销策略将产品和服务与企业顾客需求进行精准匹配，提高企业顾客对 B2B 品牌价值的感知和评价；B2B 供应商所构建的外部联结本身就是价值创造的重要来源，良好和广泛的外部联结能为供应商带来降低知识获取成本、挖掘市场份额增长机会、深刻洞察新的企业顾客需求等利益（张文红，2016），而这些利益都能够有效成长为 B2B 品牌价值。

（2）资源因素的驱动作用。对资源进行战略性管理是关系企业成长的重要问题，企业无论是优化现有资源组合还是探索新的资源基础，都有助于达到加快企业发展速度的目的。然而，制造行业中的 B2B 企业由于重资产投入的特征，容易形成路径依赖或是庞杂的组织结构，从而陷入资源冗余的困境，无法通过及时投入和分配资源对竞争环境或市场需求做出响应，而这也被认为是约束制造型 B2B 企业价值成长的重要因素（李桂华，2017）。通过对样本企业进行分析，本书发现驱动 B2B 品牌价值成长的资源因素包括提升产品品质和重塑品牌形象。提升产品品质是制造型供应商提高 B2B 品牌现有价值的前提条件，通过生产流程监控、突出产品技术含量和技术特征，能够有效提升企业顾客对 B2B 品牌的感知和评价；重塑品牌形象反映了供应商在知识、声誉等无形资源方面的投入情况及效果，构成企业寻求创新 B2B 品牌价值机会的重要切入点，也是形成持续

B2B 品牌竞争优势的重要来源。

（3）团队因素的驱动作用。在已有研究中，企业中的团队因素对 B2B 品牌价值的作用已经得到证实（Wallace et al.，2013），该部分对制造型 B2B 企业的案例分析结论与现有观点保持一致，即在 B2B 供应商品牌价值成长过程中，团队的作用体现在管理层和组织层两个方面：其一，B2B 品牌价值创造与提升需要有进取精神的领导者团队从整体上制定和引导品牌创新战略，使 B2B 品牌管理工作规范化和程序化；其二，B2B 品牌战略目标及其价值主张的实现程度，取决于供应商能否站在顶层设计的高度，围绕品牌理念，营造出形成合力、鼓励创新的组织文化氛围。从案例分析结果可以看出，管理制度是由领导者团队制定的，通过提出品牌愿景、设计品牌导向型组织结构、形成相应的规章制度等措施驱动 B2B 品牌价值成长的关键因素（Harrison-Walker，2014），反映了企业利用顶层设计追逐优势的观念；相较于管理制度的"刚性"约束作用，组织文化则更多发挥"柔性"促进作用，体现为在供应商内外部形成关于品牌内涵的共识，为品牌发展获取更大空间，以达到提升品牌价值的效果。

基于上述研究发现，本书构建出 B2B 品牌价值成长的驱动因素作用机理模型，简称 ORT 模型（见图 2-6），其中，O 代表机会因素，包括创新营销策略和建立外部联结；R 代表资源因素，包括提升产品品质和重塑品牌形象；T 代表团队因素，包括完善管理制度和培育组织文化。该模型直观地分析了各个范畴与 B2B 品牌价值成长驱动机制之间的关系。

（四）研究结论

1. 研究结论

在《国务院办公厅关于发挥品牌引领作用　推动供需结构升级的意见》中，明确提出提品质和创品牌是现阶段我国企业发展的主要目标。针对我国 B2B 供应商具有一定品牌基础但品牌价值较低的困境，发展和提升品牌价值既是对国家政策的响应，也是适应市场发展的需要。

实施 B2B 品牌价值成长战略，提高以品牌为基础的市场竞争能力，是 B2B 供应商在产业链中持续创造价值的重要途径。本书基于 4 家制造型 B2B 供应商的

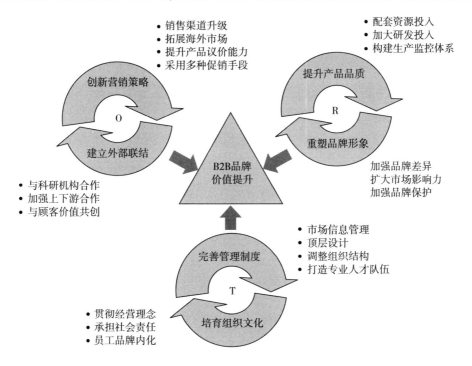

图 2-6 ORT 模型

资料来源：笔者绘制。

多案例研究，对 B2B 品牌价值成长的驱动因素进行了深入分析，形成由 20 个子范畴、6 个主范畴和 3 个核心范畴构成的脉络体系，系统诠释了 B2B 品牌价值成长的驱动因素。3 个核心范畴分别是机会因素、资源因素与团队因素，其中，机会因素由创新营销策略与建立外部联结两个主范畴构成，资源因素由提升产品品质与重塑品牌形象两个主范畴构成，团队因素由完善管理制度与培育组织文化两个主范畴构成。

2. 结论启示

尽管学者们围绕 B2B 品牌做了大量研究，但现有文献大多就 B2B 品牌价值的创造过程及其效用进行探讨，而较少从 B2B 企业主体出发关注品牌价值如何成长的问题，导致理论研究无法为 B2B 品牌的战略性成长提供行动指导。针对上述不足，该部分以我国 B2B 供应商品牌发展过程中面临的困难为基础，对制造型 B2B 供应商品牌价值成长的驱动因素进行探讨, 既是对已有研究结论的延伸, 又能形成一项新的研究基础工作, 推动 B2B 企业品牌研究更加系统完善。同时, 为了突破资源观或能力观无法有效解释 B2B 品牌价值成长的局限, 本书解释了机会、资源和团队 3 个关键因素对 B2B 品牌价值成长的驱动作用, 为未来的 B2B 品牌价值研究提供有益启发。

通过本章的多案例探索性研究可以看出, 为了发展自身品牌价值, B2B 供应商应当从以下方面采取正确的行动策略: 首先, 探索和开发品牌成长的机会, 为 B2B 品牌价值成长确定方向, 具体包括从企业内部出发对现有营销策略进行创新, 以及从外部出发与利益相关方建立有战略价值的关系网络; 其次, 投入和分配品牌价值成长所需资源, 为 B2B 品牌价值成长奠定基础, 具体包括通过提高产品品质影响企业顾客对 B2B 品牌的价值判断, 以及根据市场需求和竞争态势重新塑造 B2B 品牌形象; 最后, 坚持正确的团队领导并从上至下形成共识, 为 B2B 品牌价值成长提供保障, 具体包括以 B2B 品牌价值为核心制定科学管理制度, 以及塑造有助于贯彻品牌价值成长战略的组织文化氛围。

三、以价值为核心的 B2B 品牌导向研究框架

在识别出 B2B 品牌价值成长驱动因素的基础上, 该部分将进一步围绕品牌价值, 就 B2B 品牌导向的整体研究逻辑展开论述, 从而构建出适用于产业市场的 B2B 品牌导向整合研究框架。

(一) B2B 品牌导向研究逻辑的转变

从以上文献梳理的结论来看, 研究者们大多将品牌导向视为单一逻辑的战略导向类型, 即组织在战略思考过程中把品牌置于核心地位, 通过系统化的管理方法使品牌成为组织的核心竞争力。这部分研究体现出的共同特征是结合品牌管理过程对品牌导向进行解读, 包括如何创造一个独特的品牌标识 (Urde, 1994),

怎样对品牌组合进行配置（Urde，1999），如何管理品牌沟通（Reid et al.，2013）以及怎样评价品牌利益（Wong & Merrilees，2008）等，这样的研究范式固然可以探讨品牌导向是否符合组织自身的品牌愿景，也可以检验品牌导向是否加强了积极的品牌信念或改变了顾客消极的认识，但却难以反映出品牌导向是一种高度系统化方法的本质（Baumgarth，2010）。

Urde 等（2013）在对品牌化活动中的战略导向进行分析时，将市场导向与品牌导向视为以品牌承诺与品牌价值为核心的两种战略导向路径，进而以"品牌形象—品牌识别""由内向外路径—由外向内路径"两个维度为依据，构建了一个战略导向矩阵（见图 2-7）。在此基础上，Wallace 等（2013）提出，组织品牌导向实际上是一种混合导向（Hybrid Orientation）（Wallace et al.，2013），Reijonen 等（2014）进一步认为，品牌导向研究应与组织其他战略目标和战略行动相结合，对不同战略活动与品牌化过程的跨领域融合问题进行解释。回归到组织品牌化目标的本质，企业的 B2B 品牌导向实际上是基于不同目标的竞争战略构架，当企业意识到可以将 B2B 品牌作为竞争优势的来源时，就会围绕 B2B 品牌核心价值对企业内外部不同资源条件进行整合来推动品牌发展。

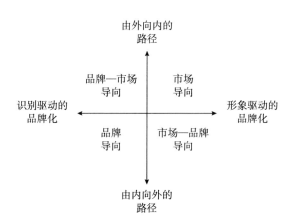

图 2-7 品牌导向与市场导向矩阵

资料来源：Urde M，Baumgarth C，Merrilees B. Brand orientation and market orientation—From alternatives to synergy ［J］. Journal of Business Research，2013，66（1）：13-20.

从将 B2B 品牌导向视为单一逻辑的战略导向，向以 B2B 品牌价值为核心与不同战略目标结合形成的战略架构转变，这种研究逻辑转变的合理性在于：一方面，关于 B2B 品牌导向的识别与划分是建立在该领域近年研究成果的基础上，Leek 和 Christodoulides（2012）、李桂华和黄磊（2014）等的研究指出，在理性购买决策为主的产业市场中，B2B 品牌取得成功的关键在于供应商识别出品牌价值的不同作用，并围绕不同品牌价值进行资源整合与市场分析；另一方面，该研究逻辑契合了 B2B 品牌发展的实践现状，供应商进行 B2B 品牌投资具有成本高、周期长、风险大等特征，加上大部分供应商受到资源有限的约束，因此供应商更常见的做法是强调自身品牌的某一利益特征，并以此为依据进行资源投入与配置，既有利于理解以战略目标为基础的 B2B 品牌导向类型，避免 B2B 品牌导向研究结论存在矛盾之处，又能够适应战略导向领域的理论发展趋势，推动 B2B 品牌导向与组织其他战略目标间的协同匹配关系的研究进展。

（二）B2B 品牌导向的分析框架构建

在产业市场中，供应商塑造 B2B 品牌时主要聚焦于功能价值与市场价值，其中品牌功能价值是指企业 B2B 品牌承诺并兑现给采购商的最主要与具有持续性的理性价值；品牌市场价值是指 B2B 品牌作为一种具有差异化的竞争手段，能为采购商提供的市场竞争优势（Lynch & Chernatony，2007）。由此，形成"聚焦品牌功能价值—聚焦品牌市场价值"构成的 B2B 品牌导向分析框架。该维度代表了企业 B2B 品牌战略的价值创造目标，由其组合形成的 B2B 品牌化战略导向则体现为企业以 B2B 品牌价值创造与传递为核心，通过对企业资源的利用和发展强化与提升品牌资产，使 B2B 品牌成为企业竞争优势的来源。该研究发现与 Urde（1999）对品牌导向的理论界定较为一致（Urde，1999）。

通过本章第二部分的案例研究发现，在产业市场中，B2B 品牌价值成长受到机会、资源与团队三类因素的驱动，具体来看，B2B 品牌战略的实施与发展也应与品牌技术含量（Hadjikhani & La Placa，2013）、关注品牌差异化（Ghosh & John，2009）、形成内部品牌化（Baumgarth，2010）以及实现品牌价值共创（张婧和邓卉，2013）等因素形成密切关联。通过与上述目标相关联，B2B 品牌导向形成了具有不同内涵和不同侧重点的品牌战略架构。其中，B2B 品牌与技术创新相关联时，体现了以产品技术创新为手段，是一种聚焦组织内部技术开发和创新的品牌导向，旨在为顾客提供持续的、理性的品牌功能价值；B2B 品牌与差异化相关联时，反映了对市场外部竞争动态保持高度重视，致力于提高与竞争品牌的差异化程度，为顾客创造不可替代的品牌功能属性；B2B 品牌与品牌内化相关联时，则聚焦于以企业跨部门合作为基础，通过企业内部对品牌愿景的共享与实践，外化为顾客关于品牌的良好联想；B2B 品牌与共创价值相关联时，依赖于企业与顾客的合作与共同学习，围绕品牌建立起基于承诺和信任的长期合作关系，从而提升顾客与品牌的关联程度。

基于上述分析，形成围绕"聚焦品牌功能价值—聚焦品牌市场价值"维度构成的品牌导向分析框架。不同类型品牌导向的组合方式、预期实现的战略目标以及相似的已有定义的比较如表 2-6 所示。

表 2-6　B2B 品牌导向的分析框架

	组合方式	战略目标	相似的已有定义	对应价值维度
B2B 品牌 导向×	技术创新=	体现品牌 技术含量	组织赋予品牌价值的程度，以及从功能、增值等方面塑造品牌能力的大小（Bridson & Evans, 2004）	品牌功能价值
	差异化=	关注品牌 差异化	管理者使用强势的系统方法开展品牌管理，使得品牌与竞争者清晰地区分开来 （Ewing & Napoli, 2005）	
	品牌内化=	形成内部 品牌化	在组织流程内部形成共享的品牌内涵，提升利益相关者价值和组织绩效（Baumgarth, 2010）	品牌市场价值
	价值共创=	实现品牌 价值共创	品牌导向是利用品牌价值，发展和促进产业供应商与自身和外部利益相关者的关系 （Ewing & Melin, 2013）	

资料来源：笔者整理。

（三）B2B 品牌导向的整合研究模型

本书通过对 B2B 品牌价值的梳理，并采用多案例研究方法识别出 B2B 品牌价值成长的驱动因素，针对现有研究忽视了企业 B2B 品牌导向与其他战略目标相联系的不足，提出应采用混合导向的逻辑对 B2B 品牌导向进行分析，即将 B2B 品牌导向视为与供应商其他战略目标相关联的混合导向的竞争战略架构，并将与不同战略目标相关联的 B2B 品牌导向类型纳入同一分析框架中。然而，上述研究观点的提出仅以现有文献的分析和总结为基础，缺乏实证研究的检验。因此，针对这一框架，本书将采用定性研究与定量研究相结合的方法，检验推动供应商实施 B2B 品牌导向的关键因素，明确不同因素对 B2B 品牌导向的具体作用；同时，借鉴"战略导向—行为过程—绩效结果"的研究范式，通过中介效应检验以及边界条件检验等研究设计，探讨 B2B 品牌导向的绩效效应及其内在机理，不仅弥补了已有研究只关注品牌导向与绩效单一关系的不足，也有益于深入揭示品牌导向效用过程的"黑箱"。

    基于上述思考和分析，本书提出了关于 B2B 品牌导向的整合研究模型（见图 2-8），本书的主体框架将围绕该模型展开深入细致的理论研究工作；更重要的是，通过该模型的研究有助于形成深化 B2B 品牌导向研究的基础性工作，也希望能为 B2B 品牌导向领域的理论研究提供借鉴和启发。

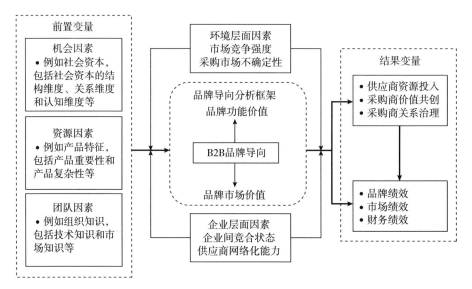

图 2-8　B2B 品牌导向整合研究模型

资料来源：笔者绘制。

第三章　供应商社会资本对 B2B 品牌导向的影响

　　尽管品牌导向逐渐被视为产业市场中一种重要的战略导向，但无论在理论研究中还是品牌管理实践中，学者和管理者都发现供应商对是否实施以及如何实施 B2B 品牌导向持有不同的看法。在 Beverland 等（2007）看来，B2B 品牌化过程首先取决于供应商在供应链中所处的位置以及位置带来的优势，即供应商对 B2B 品牌投入的意愿和努力程度受到供应链中成员之间关系结构特征的影响。针对关系网络特征对 B2B 品牌导向的潜在影响，在 Acquaah（2010）的研究中已经有所提及，他认为企业活动的战略架构受到社会资本价值的影响，但要理解社会资本如何决定企业的竞争战略导向还需要开展全面的研究。聚集到本书所关注的议题，供应商社会资本如何影响其 B2B 品牌导向实施意愿，将是对 Acquaah（2010）观点的回应。此外，供应商对 B2B 品牌导向的实施意愿还取决于品牌关联的作用，因为品牌关联不仅影响供应商对自身 B2B 品牌进行评价和判断的重要因素，也是对该品牌能否在市场中吸引采购商获取溢价的预判（Backhaus et al.，2011）。基于上述分析，本章将从供应商社会资本的视角出发，系统检验供应商社会资本对品牌关联及 B2B 品牌导向实施意愿的影响。

一、理论基础

（一）社会资本

社会资本被定义为个人或组织因其社会关系的发展而获得的实际或虚拟资源的总和，进一步看，个人或组织在参与和发展社会网络过程中不仅能够获取价值，也能够利用这种关系中的资源为自己谋取利益（Granovetter，1992）。在供应链管理文献中，社会资本理论被广泛应用于解释企业如何通过社会网络和关系获得优势，即将企业所掌握的供应链中的社会资本视为企业发展的机遇。在社会资本的构成维度方面，较为一致的观点是从结构性维度、关系性维度和认知性维度对其进行解构（Nahapiet & Ghosal，1998）。在本研究中，借鉴 Kim 等（2017）的观点，关注社会资本的关系维度和结构维度。一方面，已有研究者尝试将认知性维度与社会资本总体构念进行分离，从而更聚焦于结构性维度和关系性维度对企业战略的影响（Lawson et al.，2008）。Acquaah（2010）认为，从微观视角看，社会资本表现为管理者的社会网络及其与外部实体联系的发展，但当探讨社会资本如何影响组织的竞争优势和绩效时，实际上体现了社会资本的宏观视角和结构。基于不同视角下的研究，社会资本的构成维度也应有所区别。另一方面，社会资本的结构性维度与关系性维度被认为与供应链协作活动更加密切相关，其中结构性维度包括了供应链中企业间的互动，而关系性维度则是指企业嵌入到既定关系中的程度（Granovetter，1992）。聚焦于这两个维度，不仅能更好区分关系联结与嵌入的差异，也能在供应商与关键采购商的关系情境中，更好地解释社会资本对其战略性行为的影响。

具体而言，结构性资本被解释为成员或组织之间彼此联系的模式（Nahapiet & Ghosal，1998），学者们从不同的角度和范畴对其进行解读，包括网络特征、信息和知识共享以及社会互动的程度等（Carey et al.，2011）。在与产业链中供应商相关的研究中，结构性资本通常被认为与社会互动或信息共享渠道有关。例如，Tsai 和 Ghoshal（1998）的研究表明，结构性资本有助于采供双方在交易过程中更容易达成共识，推动供应商取得更好的绩效；Min 等（2008）提出建立在结构性资本基础上的社会互动能够促进信息或知识的积极流通；Yu 等（2006）则认为增强结构性社会资本需要组织间在不同层次采取多重接触的频繁互动，而结构性资本所具备的功能又能发挥信息和资源流动渠道的作用，从而反过来强化各方形成良好关系的动机。由此可知，结构性资本有助于供应商依托产业链中的位势寻求新的市场机遇，对其战略选择和战略实施产生影响。

作为社会资本已有研究中最为广泛关注的一个维度，关系性资本通常被解释为个体或组织之间的相互信任、尊重、承诺和义务，这种在尊重和信任基础上发展起来的关系，会影响成员之间的合作行为，提高彼此资源交换的效率（Li et al.，2014）。在产业链视角下，关系性资本是采供双方建立互惠规范的重要体现，并能将采购方和供应商的交易关系转变为具有共同价值观和互惠意识的成员关系，进而通过重复交易和建立长期关系来降低机会主义行为（Kale et al.，2000）。关系性资本对供应商的重要性还体现在推动产业链中各方之间的公开交流和提高行为透明度（Dye & Singh，1998），在降低交易成本的同时促进合作行为。尤其在供应商如何在产业链中获取竞争优势的研究中，关系性资本被认为在社会资本提升企业绩效过程中发挥关键作用（Carey et al.，2011）。归纳起来，关系性资本强调了基于"行动者之间的善意"（Goodwill between Actors）换取有价值的资源，对供应商降低交易成本的同时促进合作行为具有重要意义（Lee & Ha，2018）。

（二）品牌关联

品牌关联是指顾客在制定采购决策时，品牌相对于其他产品利益的决策权重（Fischer et al.，2010）。品牌关联的重要性具体体现在三个方面：第一，无论是在消费者市场还是产业市场中，产品类别的不同往往会引发顾客不同程度的品牌关联（Glynn，2012）；第二，企业在品牌关联程度较低的产品类别中进行品牌建设投入，往往会导致资源浪费甚至带来企业风险，因此关注品牌关联有助于指导企业对资源进行合理配置；第三，品牌关联与品牌权益相关，高水平的品牌关联有助于提升企业从品牌中获取的财务回报。已有研究表明，品牌关联并非在所有产品中表现出一致性，Mudambi（2002）在产业市场情境中的研究发现，品牌关联依据采购商类别和购买特征不同而产生差异，该研究以品牌关联强弱程度为依据，将产业市场中的采购商划分为高度有形群体、品牌接受群体和低度兴趣群体三种类型，其中品牌接受群体对供应商品牌化最为关注。尽管品牌关联与 B2B 品牌价值的关系在产业市场中尚未得到验证，但从上述分析可知，品牌关联在提升采购商 B2B 品牌价值感知的过程中具有关键作用，即只有当供应商具备的资产与采购商对 B2B 品牌重视程度相匹配时，才能有效实现采购商关于 B2B 品牌既得利益的评价。

二、供应商社会资本的影响

（一）供应商社会资本与 B2B 品牌导向

为了达到进入产业市场门槛的条件，供应商会率先构建与采购商之间的关系网络，基于现有产业链结构与目标采购商建立深度合作关系，广泛获取关于采购商购买需求的信息，以及培育采购商对自身的依赖（李桂华和黄磊，2014）。通过处理多方关系的能力和知识，不仅成为供应商在企业间交易中处于关键地位的基础，也成为供应商向采购商提供有价值产出能力的重要动机（Han & Sung，2008），而社会互动可以为网络中的成员提供资源交换和信息流通的机会（Li et al.，2014）。与多个不同采购商构建起的结构性资本可以用网络连接规模和连接强度来反映：连接规模越大，表明了供应商拥有的信息流动和资源交换渠道越多；连接强度大，表明了网络成员间的交流紧密程度越高（Goldenberg et al.，2009）。这两个方面的提升和强化，都有助于企业通过网络中的采购商开展更高效的合作，加强获取无冗余的新知识和新信息的能力，提高资源换取的效果，为供应商实施 B2B 品牌导向奠定资源基础。

相较于结构性资本充分利用网络位势的优势，供应商的关系性资本则是通过信任、规范等关系性嵌入影响自身的信息获取和知识创造过程。关系性资本可以在供应商和采购商之间发挥积极参与价值增长或价值共创的激励作用，并增加了双方探索新机会的意愿（Kale et al.，2000）。Carey 等（2011）也认为，关系性资本在沟通、信息共享、信任和知识转移方面，通过牢固的关系形成，可以为制定新的战略挑战的创新解决方案提供基础（Carey et al.，2011）。在供应商推动 B2B 品牌建设的过程中，在所需资源与知识中有很大一部分是从外部获取的，关系性资本不仅能促进网络中成员的资源共享，也能帮助供应商实现对多个渠道的资源进行有效吸收和整合（潘冬和杨晨，2011），提升其实施 B2B 品牌导向的意愿。已有研究表明，具有丰富顾客知识或经验、掌握大量顾客资源或是有长期服务顾客经验的 B2B 品牌对采购商而言有更大的吸引力（Mudamni et al.，1997），因此关系性资本所带来的价值也能成为供应商实施 B2B 品牌导向的重要驱动因素之一。

基于此，本章提出以下假设：

H1：供应商结构性资本对 B2B 品牌导向有正向影响；

H2：供应商关系性资本对 B2B 品牌导向有正向影响。

（二）社会资本与采购商 B2B 品牌关联

以沟通、信息共享和联合活动促进知识转移为特征的结构性资本不仅能帮助供应商突破资源局限，也能为社会网络中的成员带来共同利益，如提高供应链整体绩效（Lawson et al.，2008）。随着结构性资本获益面的扩大，采购商对供应商的产品功能和属性的认知也会随之增加，原因在于，当供应商与采购商的社会互动性增强时，供应商对产业市场中需求变动的识别能力也会逐渐提高，对采购商需求信息结构的变化也掌握得越快，从而通过提高产品或服务的定制化程度帮助采购商获取竞争优势，由于这种优势的基础具有不可转移性，所以形成对采购商的锁定效应（Beverland et al.，2007）。进一步看，供应商从结构性资本中获取的知识和能力，为满足采购商在功能和情感等方面的需求创造了良好的条件（李桂华和黄磊，2014），能强化 B2B 品牌在交易过程中的功能判断、信息搜索和降低风险等作用（Backhaus et al.，2011），即采购商在制定购买决策时倾向于认为这类品牌具有更实用的价值，因而与功能和属性相关的 B2B 品牌信息在购买时会被赋予更大权重。

关系性资本与顾客品牌关联已经在不同的情境中得到证实，这些研究既包括针对线上品牌社群的研究，也包括品牌资产的提升，但从供应商将社会资本视为企业整合资源获取价值的观点出发，重视关系性资本培育和积累的供应商不仅能就采购商的独特需求达成一致，也能作用于采购商对 B2B 品牌的价值感知和评价（Beverland et al.，2007）。邵景波等（2012）将社会网络中的顾客视为一种能为企业带来竞争优势且难以复制的资源，构建以顾客为核心的社会关系网络，强化信任、义务和互惠的核心作用，不仅能提升 B2B 品牌在交易决策过程中的影响力，也有助于提高采购商对 B2B 品牌的重视程度（Erevelles et al.，2008）。由此可知，关系性资本的积累有助于供应商提高对采购商需求的认知和满足程度，从而增强采购商对 B2B 品牌的重视程度，在供需关系发展过程中强化与 B2B 品牌的关系联结。

基于此，本章提出以下假设：

H3：供应商结构性资本对采购商的品牌关联有正向影响；

H4：供应商关系性资本对采购商的品牌关联有正向影响。

（三）采购商品牌关联与供应商品牌导向

卢宏亮和田国双（2014）在对品牌关联的重要性进行论述时，认为品牌关联与 B2B 品牌资产高度相关，原因在于，只有能够影响购买决策的品牌才能成为强势品牌（卢宏亮和田国双，2014）。实际上，对品牌关联与 B2B 品牌关系的探讨是基于供应商的视角，关注如何通过提高品牌在购买决策中被赋予的权重提升供应商的品牌资产；从采购商视角出发，品牌关联的作用则体现在如何影响采购商对 B2B 品牌作用的感知，因此品牌关联不仅是影响采购商采购决策的关键因素，同时也能激发供应商关于 B2B 品牌重要性的认知和态度（Lynch & de Cher-natony，2004）。与质量、价格、交付等有形因素相比，B2B 品牌通常被视为企业间交易过程中的无形因素，根据信息经济学的观点（卫海英和祁湘涵，2005），要在风险程度较高的产业市场环境中充分发挥 B2B 品牌的感知线索作用，需要供应商正确认识 B2B 品牌在产业市场中的价值，并围绕 B2B 品牌进行营销资源投入。换言之，当采购商在购买过程中对品牌综合作用的认识程度较高，供应商则应将 B2B 品牌视为"情感触发器"，并围绕 B2B 品牌合理配置战略性资源，从而提高采购商关于该品牌利益的良好联想并给予较高评价。

基于此，本章提出以下假设：

H5：采购商的品牌关联程度对供应商 B2B 品牌导向有正向影响。

（四）品牌关联的中介作用

已有研究表明，仅依靠供应商社会资本累积并不能直接将企业优势转移到 B2B 品牌中，Keller 和 Lehmann（2003）提出的品牌价值链模型认为顾客心智是品牌价值产生的源泉，具体包括信息加工模式、联想、态度、情感等方面，顾客心智既是顾客品牌感知价值创造过程中的关键环节，也是供应商是否愿意对品牌进行战略性投入的重要影响因素（Keller & Lehmann，2003）；Backhaus 等（2011）在 B2B 品牌研究中进一步提出，只有当企业资源或能力与顾客对品牌的重视程度相匹配时，才能提高品牌价值感知，也就是说，供应商对那些与顾客品牌认知关联度较高的品牌进行投入，才能将企业资源转化为顾客认可和接受的价值。

尽管结构性资本与关系性资本都能为企业带来获取竞争优势的资源，但由于 B2B 品牌价值的创造与形成离不开供应商和采购商共同构建的网络结构，供应商实施 B2B 品牌战略能否在产业市场中取得成功，关键在于唤起采购商对该品牌的重视程度。产业市场中的采购商会更专注供应商在产业链中扮演的角色和承担的义务，在该情境下，采购商对 B2B 品牌的重视程度有助于推动供应商依据自身的结构性资本实施 B2B 品牌战略（Ghosh & John，2009）。具体而言，供应商与采购商之间的社会关系连接越紧密，其信息交换的频率和深入程度越强，这种关联有助于成为供应商对自身产品的承诺或担保（Kim & Hyun，2011），而当采购商将 B2B 品牌所代表的属性作为判断产品可靠性的载体时，则会强化供应商自身对 B2B 品牌的依赖，将其视为获取更多交易机会的载体。同时，在采购商更关注产品特征、交付或价格等其他属性的产业情境中，只有当 B2B 品牌的重要性得以体现，采购商才会进一步将与供应商构建起的社会关系转化为对 B2B

品牌价值的评价，也就是说，如果采购商对供应商品牌引起足够重视，则可能因为供应商的关系性资本而发展出较好的品牌关系并影响供应商在 B2B 品牌上的投入（Esch et al.，2006）。Brown 等（2012）也认为，随着采购商对 B2B 品牌的重视程度提高，更倾向于将 B2B 品牌视为降低风险、维系现有交易的线索，这有助于供应商将关系性资本中培育出的适应能力和应变能力应用到 B2B 品牌形象建设中。

基于此，本章提出以下假设：

H6：品牌关联在结构性资本与 B2B 品牌导向间具有中介作用；

H7：品牌关联在关系性资本与 B2B 品牌导向间具有中介作用。

根据上述假设，本章的概念模型如图 3-1 所示。

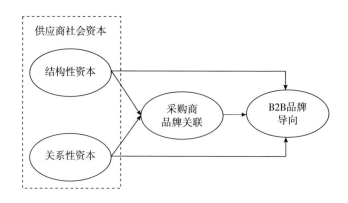

图 3-1　本章概念模型

三、研究过程

（一）样本与数据收集

本研究主要从供应商视角出发，采用问卷调研的方式获取数据，以检验供应商社会资本与 B2B 品牌导向意愿的关系。在样本选择层面，被调查的供应商企业所提供的产品中至少有一种实施了 B2B 品牌化，同时为了保证调研质量，问卷填答者以市场部门员工或管理者为主。调研工作的开展主要借助专业市场调研机构向广东和浙江等省份的工业园区发放问卷。调研周期为两个半月，共发放问卷 334 份，回收 236 份，剔除未能满足调研要求和填答无效等不合格问卷后，保留有效问卷 201 份，有效回收率为 60.2%。

（二）变量测量

对结构性资本和关系性资本的测量综合借鉴 Kim 等（2017）和 Lee 等（2018）的研究，其中，结构性资本采用 4 个题项进行测量，关系性资本采用 5 个题项进行测量；在采购商品牌关联测量上，本章对 Backhaus 等（2011）的量表进行改编，采用 4 个问项进行测量；在对 B2B 品牌导向的测量上，本章综合借鉴 Wong 和 Merrilees（2007）、张婧和邓卉（2013）的量表，量表共包含 4 个题项。

本章还选取采购中心规模、时间压力、潜在供应商数量和行业类别这 4 个可能影响分析结果的变量进行控制，以达到提高研究结论有效性的目的，其中，采购中心规模主要采用评价参与采购决策员工人数的方式进行测量，时间压力则通过询问被访者在制定购买决策时的时间要求进行测量，潜在供应商数量主要让被访者估计该行业市场中可供选择的供应商数量。除控制变量外，本章问项均设计为 Likert 7 级量表，1 为完全不同意，7 为完全同意。具体量表内容如表 3-1 所示。

（三）测量的信度与效度

本章采用 Cronbach's α 系数和组合信度（CR）判别量表的信度，结果表明，所有变量的 α 值介于 0.831~0.890，CR 值介于 0.832~0.891，均大于 0.7 的标准（见表 3-1）。

收敛效度采用 AMOS 17.0 进行验证性因子分析，分析结果显示：$\chi^2/\mathrm{df} = 1.658 < 2$，GFI = 0.951 > 0.9，CFI = 0.982 > 0.9，TLI = 0.976 > 0.9，RMSEA = 0.057 < 0.06，表明测量模型拟合度理想。在此基础上，所有观测变量的标准化

表 3-1 量表的信度和收敛效度检验结果

潜变量	观测变量	FL	CR	α 值	AVE
结构性资本	我们的采购商愿意分享相关的重要信息	0.820	0.868	0.867	0.621
	我们的采购商能及时分享重要的政策变化	0.751			
	我们与采购商有频繁的互动	0.815			
	我们促进与采购商的共同决策	0.764			
关系性资本	我们与采购商相互尊重	0.756	0.891	0.891	0.621
	我们与采购商通常以团队的形式合作	0.778			
	我们与采购商有共享的价值观	0.781			
	我们与采购商实现了较高程度的互利互惠	0.833			
	我们与采购商能够相互信任	0.789			
采购商品牌关联	采购商会关注我们的品牌	0.822	0.870	0.869	0.626
	我们的品牌对采购商购买决策有很大影响	0.795			
	采购商愿意为我们的品牌支付溢价	0.806			
	采购商在购买时更倾向于将品牌作为决策依据	0.738			
B2B 品牌导向	B2B 品牌化渗透到了我们的战略活动中	0.815	0.877	0.875	0.640
	长期的品牌计划是我们未来成功的关键	0.809			
	B2B 品牌成为我们的重要资产	0.794			
	在评价经营决策时，我们会考虑这些决策对 B2B 品牌的影响	0.782			

因子载荷（FL）和平均提炼方差（AVE）均大于 0.5 的标准（见表 3-1），表明量表的收敛效度达到可接受水平。最后，判别效度检验结果表明，模型中各构念的 AVE 平方根应大于其所在行与列相关系数的绝对值的方法检验，说明量表具有较好的判别效度（见表 3-2）。

表 3-2 判别效度检验

测量构念	结构性资本	关系性资本	采购商品牌关联	B2B 品牌导向
结构性资本	**0.788**			
关系性资本	0.451**	**0.788**		
采购商品牌关联	0.384**	0.433**	**0.791**	
B2B 品牌导向	0.370**	0.407**	0.417**	**0.800**

注：** 表示 p<0.005；加粗字体为 AVE 值平方根。

（四）主效应分析

借助 AMOS 17.0 对数据与概念模型的匹配程度进行检验，绝对拟合度指标检验结果为：$\chi^2/df = 1.312$，GFI = 0.923，AGFI = 0.896，RMSEA = 0.039；相对拟合指标结果为：NFI = 0.927，TFI = 0.978，CFI = 0.981；简约拟合指标结果为：PGFI = 0.682，PNFI = 0.770。以上拟合指标结果表明，本研究构建的理论模型合理，适合做进一步的路径分析。

从表 3-3 可以看出，结构性资本作用于 B2B 品牌导向的标准路径系数为 0.086（p>0.05），H1 未能通过检验，关系性资本作用于 B2B 品牌导向的路径系数为 0.438（p<0.001），H2 得到实证检验的支持；结构性资本作用于品牌关联的标准路径系数为 0.243（p<0.05），关系性资本作用于品牌关联的标准路径系数为 0.439（p<0.001），表明结构性资本与关系性资本对品牌关联均具有显著正向影响，H3 和 H4 都得到数据支持；品牌关联作用于 B2B 品牌导向的标准路径系数为 0.233（p<0.01），H5 通过检验。

表 3-3　主效应分析结果

研究假设	路径关系	标准化路径系数	t 值（p 值）	检验结果
H1	结构性资本→B2B 品牌导向	0.086	0.857（0.392）	不支持
H2	关系性资本→B2B 品牌导向	0.438	3.768（***）	支持
H3	结构性资本→品牌关联	0.243	2.075（*）	支持
H4	关系性资本→品牌关联	0.439	3.412（***）	支持
H5	品牌关联→B2B 品牌导向	0.233	2.930（**）	支持

注：*表示 p<0.05；**表示 p<0.01；***表示 p<0.001。

（五）中介效应检验

在进行中介效应回归之前，首先对变量进行处理：在控制变量方面，对采购中心规模、时间压力和潜在供应商数量取自然对数，这样能有效减少控制变量非正态分布对数据分析的影响，同时所处的行业类别为类别变量，本研究对其进行虚拟变量处理。

在按照数据分析要求对相关变量进行处理后，采用方差膨胀因子（VIF）和容忍度（Tolerance）两个指标对变量间可能存在的多重共线性进行检验。结果显示，所有变量的 VIF 值最大为 3.105，容忍度均大于 0.322，由此可知，本研究模型中的变量间并不存在多重共线性问题，可以进一步运用回归分析对相关假设进行检验。分析结果如表 3-4 所示。

表 3-4 品牌关联的中介效应检验

控制变量	模型 1	模型 2	模型 3	模型 4
	B2B 品牌导向	采购商品牌关联	B2B 品牌导向	B2B 品牌导向
采购中心规模	0.062	0.102	0.002	0.039
时间压力	0.086	0.066	0.073	0.074
潜在供应商数量	-0.068	0.030	-0.100	-0.081
行业$_1$	0.003	0.014	-0.067	0.105
行业$_2$	0.011	-0.078	0.090	0.049
行业$_3$	0.042	-0.023	0.054	0.092
行业$_4$	-0.025	0.089	-0.026	0.003
行业$_5$	0.034	0.056	0.083	0.078
解释变量	—	—	—	—
结构性资本	0.147 *	0.224 **	—	0.096
关系性资本	0.411 ***	0.312 ***	—	0.340 ***
品牌关联	—	—	0.414 ***	0.226 **
模型统计量	—	—	—	—
容忍度	≥0.679	≥0.679	≥0.964	≥0.635
VIF 值	≤1.472	≤1.472	≤1.037	≤1.574
R^2	0.281	0.237	0.195	0.320
调整后的 R^2	0.259	0.214	0.174	0.295
F	12.628 ***	10.062 ***	9.432 ***	12.973 ***

注：* 表示 $p<0.05$；** 表示 $p<0.01$；*** 表示 $p<0.001$。

模型 1 是以 B2B 品牌导向为因变量，加入控制变量与自变量（结构性资本与关系性资本）的回归模型，结果显示结构性资本（$\beta = 0.147$，$p<0.05$）与关系性资本（$\beta = 0.411$，$p<0.001$）都对 B2B 品牌导向具有显著正向影响；模型 2 是以采购商品牌关联为因变量，加入控制变量与自变量的回归模型，结果表明结构性资本（$\beta = 0.224$，$p<0.01$）与关系性资本（$\beta = 0.312$，$p<0.001$）均对品牌关联有显著正向影响；模型 3 是品牌关联对 B2B 品牌导向进行回归，两者关系呈显著正相关（$\beta = 0.414$，$p<0.001$）；模型 4 则是以 B2B 品牌导向为因变量，在加入控制变量的基础上，将两个自变量和中介变量同时纳入模型中进行回归，结果显示结构性资本对 B2B 品牌导向的回归系数不显著（$\beta = 0.096$，$p = 0.192$），而关系性资本的回归系数虽然显著（$\beta = 0.340$，$p<0.001$），但与模型 1 相比回归系数减小，同时采购商品牌关联对 B2B 品牌导向的回归系数显著（$\beta = 0.226$，$p<0.01$）。由此表明，采购商品牌关联完全中介结构性资本对 B2B 品牌导向的影响，部分中介关系性资本对 B2B 品牌导向的影响，完全中介知识型资源对品牌感知价值的影响，H5 和 H6 均通过假设检验。

四、研究结论

（一）研究发现

本章以社会资本理论作为基础，构建供应商社会资本对 B2B 品牌导向的作用机制模型，并采用实证分析方法对变量间关系进行检验，得出如下研究结论：

第一，通过概念模型的主效应分析发现，供应商的结构性资本对 B2B 品牌导向的影响不显著，关系性资本能直接促进供应商实施 B2B 品牌导向的意愿。这表明供应商与采购商关系中存在的信任、义务和互惠互利，能直接作用于供应商对 B2B 品牌战略决策的判断；而结构性社会资本的作用源于多个层次的频繁互动，包括管理沟通、技术知识交流、管理惯例和信息共享等（Yu at el.，

2006），在一定程度上限制了供应商将结构性资本带来的信息和资源流动用于推动 B2B 品牌建设。

第二，两类社会资本对采购商品牌关联均具有显著正向影响，因此供应商应该意识到社会资本是提高采购商对 B2B 品牌重视程度的重要手段；同时，中介效应检验结果表明，采购商品牌关联在社会资本与 B2B 品牌导向间发挥了中介作用。该结果表明供应商的社会资本在多大程度上能推动 B2B 品牌导向的实施，取决于采购商对 B2B 品牌的重视程度。

（二）管理启示

本章结论对供应商通过积累社会资本实施 B2B 品牌导向提供如下启示：

第一，以 B2B 品牌为依托的交易形式对供应商的现存资本提出较高要求，识别、积累和培育出相对应的社会资本成为供应商实施 B2B 品牌导向的重要前提，在决策过程复杂的产业市场环境中，供应商在社会资本上的积累有助于赋予 B2B 品牌降低风险、减少信息搜索成本和维系关系等功能（潘冬和杨晨，2011），从而提升 B2B 品牌在交易过程中的关键作用。

第二，处于产业链上游的供应商应该充分认识到不同类型社会资本在提高 B2B 品牌价值的作用机制，并以现有的不同类型社会资本为前提，采用不同的策略对品牌进行塑造，尤其是供应商在结构性资本上有所积累时，应该采用主动沟通、积极宣传等方式，将其所处位势的优势转化为采购商对 B2B 品牌功能的认知，提高 B2B 品牌在采购商购买过程中的重要性，构成自身实施 B2B 品牌导向的前提。

第四章 供应商产品特征对
B2B 品牌导向的影响

本章以信息整合理论为依据，将产品特征视为影响供应商 B2B 品牌导向决策的关键资源因素，把供应商产品特征划分为产品重要性与产品复杂性两类，回答供应商如何以不同产品特征为依据确定 B2B 品牌导向程度的问题，并进一步探讨市场竞争强度的调节效应，从而实现对整合研究模型中资源因素与 B2B 品牌导向关系的检验。

一、理论基础

（一） 现有理论观点

产业营销研究认为，在作用于 B2B 品牌战略的前置变量中，产品特征被认为是发挥关键作用的影响因素（卢宏亮和李桂华，2014）。这部分研究主要以信息整合理论为基础，将降低采购商的信息成本与感知风险视为 B2B 品牌战略能否发挥作用的内在机制（Lennstrand et al.，2001），由此推断供应商产品所处的价值链环节、资源特性和所采用的工艺等方面存在的差异，成为解释 B2B 品牌战略在交易过程中作用效果不同的原因（Brown et al.，2012）。然而这部分研究主要从采购商视角出发，将品牌忠诚和品牌敏感等变量作为结果变量，尚未从供应商视角有效回答产品特征的差异对 B2B 品牌导向的影响。

Kotler 和 Pfoertsch（2010）进一步认为，供应商在产业市场中实施 B2B 品牌化战略必须具备一定的资源与条件，而产品特征则是供应商考虑是否应该进行 B2B 品牌化的基本前提，假如采购商无法从供应商提供的产品中感知和体验到品牌创造的价值，那么供应商品牌导向的实施就很难取得成功。部分学者将产品重要性、产品辨识度、产品资源性和产品复杂性等变量作为权变因素，检验产品特征对 B2B 品牌化效果的调节效应（Homburg et al.，2010）。其中，Brown 等（2012）提出，供应商产品特征属于采供关系中的情境因素，并以信息整合理论为基础，检验上述变量对采购商品牌敏感性的非线性关系。实际上，供应商的 B2B 品牌导向同样会受到自身产品不同特征的影响，即供应商对是否实施 B2B 品牌导向进行选择时，也是一个基于现有产品特征的信息处理过程。

（二）供应商产品特征

产品特征是指产品采用的材料、设计、工艺以及由此形成的产品结构和功能属性，在消费者行为研究中，针对由不同属性或不同品牌相结合而形成的新产品，产品特征被证实是影响消费者对产品认知、情感和行为的主要刺激物（张红霞等，2013）；在产业市场中，供应商产品的资源特征和制造工艺也被认为对采购商的购买决策有显著影响（Brown et al.，2012）。Lennstrand 等（2001）较早关注产品特征在采供双方交易过程中的作用，提出供应商的产品特征不仅是影响采购商对产品价值感知、购买意愿和评价态度的重要指标，也是影响供应商战略决策的关键因素（Lennstrand et al.，2011）。通过对相关文献进行梳理发现，已有研究充分证实了产品特征与产业市场中交易平台、分销结构系统以及采购商购买流程的正相关关系（Ravichandran et al.，2001）。在这些研究中，被强调得最多的供应商产品特征是产品重要性和产品复杂性，无论基于供应商视角还是采购商视角，产品重要性和产品复杂性都被证实是影响双方交易效果的关键要素（李桂华和黄磊，2014）。

以上述研究为基础，本章采用产品重要性和产品复杂性的产品特征分类视角，借鉴信息整合理论观点解释两类产品特征与供应商品牌导向的关系。

二、供应商产品特征的影响

（一）产品重要性与品牌导向

产品重要性是指供应商产品对采购商财务与战略的影响程度（Cannon & Perrault，1999）。已有研究表明，产品重要性对 B2B 品牌战略既可能产生积极作用，也可能产生消极影响。一方面，供应商的产品重要性程度决定了采购商在购买该产品时需要承担的风险水平，而形象良好的供应商 B2B 品牌能够成为降低采购商风险和不确定性的承诺和担保（Backhaus et al.，2011），因此产品重要性既是影响采购商评价和感知产业品牌的诊断线索，也是构成供应商实施品牌战略的前提条件（Brown et al.，2012）。另一方面，根据 Webster 和 Wind（1972）提出的经典组织购买模型，产品重要性程度会强化采购商对购买过程中有形因素的判断，导致供应商在管理双方关系时更关注通过价格、质量和交付提升采购商的既得利益，而忽视了对产业品牌的建设。

根据信息整合理论，当产品重要性程度较低时，采购商的购买风险与不确定性水平都较低，倾向于充分利用价格、物流或交付等便于观察的因素作为购买评价依据（Brown et al.，2012），这种情况下供应商难以通过品牌战略提高在产业市场中的竞争优势，因此主要对生产设施投入或建立人际关系以维持与采购商的交易，实施品牌导向的意愿较低。随着产品重要性程度逐渐提高，采购商的购买风险和压力相应增强，需要充分利用市场上可获取的信息对供应商进行评价，而供应商品牌能够成为采购商决策制定的重要驱动因素（Backhaus et al.，2011），从而促使供应商在品牌导向上进行资源投入与配置。当产品重要性程度进一步提高时，供应商为了获得在产业链中的议价优势，需要大量收集关于定价合理性、行业供需水平以及产品功能差异性等市场信息，依靠品牌形象与品牌感知参与竞争则具有一定局限性（Reijonen et al.，2014）；同时，采购商为了降低信息成本与交易成本，在购买重要产品时往往会与供应商建立起稳定的采供关系，依赖供应商品牌制定采购决策的程度逐渐降低。基于上述分析，本研究认为产品重要性影响了供应商实施品牌导向过程中对信息的获取和判断，使产品重要性与品牌导向呈现非线性关系，当产品重要性增加，供应商对品牌导向的选择也会相应增加直至达到一个阈值，过了该点，品牌导向选择则会随着产品重要性增加而减弱。

基于此，本章提出如下假设：

H1：供应商产品重要性与 B2B 品牌导向具有倒"U"形曲线关系。

（二）产品复杂性与品牌导向

Kotler 和 Pfoertsch（2010）认为，如果供应商产品越复杂，对采购商生产制造的影响越大，这类产品进行品牌化时就具备更好的条件，该观点为探讨产品复杂性与供应商品牌导向的关系提供了理论借鉴。复杂性程度较高的产品涉及大量规格参数，采购商需要收集和处理大量专业信息以确保这类产品与生产制造流程相适应，因此在购买产品复杂性程度较高的产品时信息成本也较高（陈收等，2015）。相应地，供应商为降低信息的不对称性，帮助采购商掌握产品信息，应该以产品复杂性程度为依据，采用不同的信息载体与采购商沟通交流，以提高采购商对供应商产品的感知与评价。

当产品复杂性程度较低时，采购商获取产品信息所付出的成本也相应较低，为了在同质化竞争中体现出产品差异化特征，提高采购商对产品效用的判断，供应商倾向于采用品牌为载体向采购商传递产品质量、功能和属性等信息（Leek & Christodoulides，2012）；当产品复杂性程度从较低水平提升到中等程度，采购商将更多依靠结构化和综合性的信息整合策略制定购买决策，在该情境下，供应商为满足采购商对复杂信息获取的需求，倾向于提供有助于体现产品客观属性的信息，对强调情感利益为主的供应商品牌的重视程度降低（Brown et al.，2012）；但是随着产品复杂性从中等程度向更高水平增长，供应商需要传递的信息量呈现超负荷的趋势，导致强调产品客观属性并不足以降低采购商的感知风险，在产品复杂性较高的情况下，供应商逐渐重视品牌形象和品牌声誉在影响采购商购买决策中的关键作用。因此，本研究认为供应商依据产品复杂性进行品牌导向决策时，会呈现先降低再升高的趋势，即随着产品复杂性由低水平向中等水平增长，供应商采纳品牌导向的意愿降低；在产品复杂性从中等水平向更高水平提高时，供应商对品牌导向重视程度则相应提高。

基于此，本章提出如下假设：

H2：供应商产品复杂性与品牌导向具有"U"形关系。

（三）市场竞争强度的调节效应

市场竞争强度反映了市场中竞争对手数量、进入壁垒以及企业间的竞争程度，因而被认为是影响企业战略导向实施的重要外生环境变量（吴晓云和张峰，2014）。Brown 等（2011）的研究证实，采购商是否将供应商品牌视为购买线索会受到市场竞争强度的显著影响；Blomback 和 Axelsson（2007）也认为，采购商在面临大量可供选择的产品时，倾向于对拥有良好形象的供应商品牌表现出更高的积极性，对品牌形象不佳的供应商则持抵触或消极态度。

具体而言，在市场竞争强度较大的环境中，由于产业品牌更好地发挥了降低交易风险和信息成本的功能，所以供应商产品重要性与品牌导向的正向关系得到强化，但是随着在产品重要性不断提高，供应商更需要利用采购商对产品的重视程度向企业外部寻求互补性资源并建立稳定的交易关系（Cannon & Perrault，1999），以弥补市场竞争加剧带来的不确定性，从而忽视实施由内而外的品牌战略导向。同时，市场竞争加剧会引起行业内技术变革加快，影响产品复杂性与品牌导向的关系。究其原因，在资源有限的前提下，企业难以同时对市场和技术保持高度聚焦（李巍，2015），因此技术导向成为品牌导向的替代性战略，表现为供应商无法同时顾及技术研发投入与品牌战略投入，产品复杂性对品牌导向的负向影响进一步增强；随着竞争激烈环境中的产品复杂性逐步提高，购买者需求也趋向多元化，供应商的技术导向无法满足更多采购商细分市场的需求（Leek & Christodoulieds，2011）。为了弥补技术投入在创造企业价值中效果递减的损失，供应商会考虑采用其他资源投入来与技术投入形成互补甚至进行替代（许秀梅，2015），包括通过实施品牌导向或提升其他无形资产来维持在市场中的竞争力。

基于上述分析，本研究提出市场竞争强度对产品特征与品牌导向的非线性关系具有调节作用。

基于此，本章提出如下假设：

H3：随着市场竞争程度增加，产品重要性与品牌导向之间的"U"形曲线关系增强。

H4：随着市场竞争程度增加，产品复杂性与品牌导向之间的"U"形曲线关系增强。

本章的概念模型如图 4-1 所示。

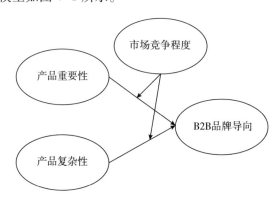

图 4-1　本章概念模型

三、研究设计

（一）样本选择与数据收集

产业市场中的供应商可划分为制造型供应商与服务型供应商，本研究主要探讨有形产品特征对 B2B 品牌导向的影响，因此调研对象聚焦于产业链上游的制造型供应商。问卷样本框集中在制造行业发展较为完整的省市和地区，并以产业园区、高新区或产业集群为重点区域展开调研。发放问卷的方式包括两种：第一，通过行业协会和产业园区管理部门将问卷交付给其辖区内的企业负责人；第二，联系专业市场调研公司，以付费的方式请他们向样本企业发放和回收问卷。两种方式共发放问卷 556 份，回收 193 份，剔除缺失值较多的无效样本后，保留有效问卷 184 份，有效回收率为 33.09%。对两种渠道收集的问卷进行独立样本 t 检验测量，发现两组样本的各个变量并无统计学上的显著差异。描述性统计结果显示，样本企业所处行业主要集中在电子（26.6%）、汽车（21.7%）和通信（18.5%），行业分布情况与 Kotler 和 Pfoertsch（2010）关于供应商实施 B2B 品牌化战略的观点相一致，表明收集的数据能够有效反映本书所关注的研究问题。调研样本特征具体如表 4-1 所示。

表 4-1　样本供应商描述性统计（N=184）

企业规模（人）	样本数量（份）	百分比（%）	企业年限	样本数量（份）	百分比（%）
100 以下	35	19.0	5 年以下	56	30.4
101~500	72	39.1	5~9 年	73	39.7
501~1000	48	26.1	10~15 年	38	20.7
1000 以上	29	15.8	15 年以上	17	9.2
行业类别	样本数量（份）	百分比（%）	所在地区	样本数量（份）	百分比（%）
电子	49	26.6	东部	26	14.1
汽车	40	21.7	北部	78	42.4
通信	34	18.5	西部	28	15.2
快速消费品	24	13.0	南部	33	17.9
服装	19	10.3	中部	19	10.3
其他行业	18	9.8			

（二）变量测量

根据研究框架，自变量为产品重要性与产品复杂性，其中，产品重要性主要借鉴 Brown 等（2012）的量表，采用 3 个问项进行测量；产品复杂性改编自 Cannon 和 Perreault（1999）的量表，共包含 4 个问项。因变量为 B2B 品牌导向，量表开发参考 Wong 和 Merrilees（2007）、张婧和邓卉（2013）的研究，关注 B2B

品牌管理在供应商竞争战略中的重要性，量表由 4 个问项构成。调节变量为市场竞争强度，综合借鉴了 Brown 等（2011）、吴晓云和张峰（2014）的量表，采用 3 个问项进行测量。为了避免其他因素对产品特征与 B2B 品牌导向关系的潜在影响，本书借鉴已有研究的观点，选取企业规模、成立年限和行业类别 3 个变量进行控制。除了控制变量外，本书调研量表中所有问项均采用 Likert 7 级量表进行测量，1 为完全不同意，7 为完全同意。具体量表内容如表 4-2 所示。

（三）模型设计

本研究运用多元回归对假设进行检验。针对 H1，提出如下回归模型：

$$BR = C + \alpha \times PI + \beta \times Control + \varepsilon \tag{4-1}$$

$$BR = C + \alpha \times PI + \theta \times PI^2 + \beta \times Control + \varepsilon \tag{4-2}$$

模型 1 将产品重要性（PI）对品牌导向（BR）的影响设置为线性关系，而模型 2 加入产品重要性的二次项（PI^2），两个模型的比较能检验产品重要性对品牌导向的具体作用形式，从而检验 H1。

针对 H2，本书提出如下回归模型：

$$BR = C + \alpha \times PC + \beta \times Control + \varepsilon \tag{4-3}$$

$$BR = C + \alpha \times PC + \theta \times PC^2 + \beta \times Control + \varepsilon \tag{4-4}$$

同理，模型 3 将产品复杂性（PC）对品牌导向（BR）的影响设置为线性关系，而模型 4 加入产品复杂性的二次项（PC2），通过两个模型的比较检验产品复杂性对品牌导向的具体作用形式，从而检验 H2。

为检验 H3 和 H4，本书设计如下回归模型：

$$BR = C + \alpha \times PI + \theta \times PI^2 + \lambda \times MCT + \beta \times Control + \varepsilon \tag{4-5}$$

$$BR = C + \alpha \times PI + \theta \times PI^2 + \lambda \times MCT + \delta \times PI^2 \times MCT + \beta \times Control + \varepsilon \tag{4-6}$$

$$BR = C + \alpha \times PC + \theta \times PC^2 + \lambda \times MCT + \beta \times Control + \varepsilon \tag{4-7}$$

$$BR = C + \alpha \times PC + \theta \times PC^2 + \lambda \times MCT + \delta \times PC^2 \times MCT + \beta \times Control + \varepsilon \tag{4-8}$$

模型 5 在模型 2 的基础上加入调节变量市场竞争强度（MCT），模型 6 中加入产品重要性二次项与市场竞争强度的交互项（PI²×MCT）；模型 7 在模型 4 的基础上加入调节变量市场竞争强度（MCT），模型 8 中加入产品重要性二次项与市场竞争强度的交互项（PC²×MCT）。

（四）信度与效度检验

采用 SPSS 18.0 和 AMOS 17.0 分析样本的信度与效度。首先，根据 Likert 式量表的特征，运用 Cronbach's α 系数和组合信度（CR）两类评价指标对量表信度进行检测，结果显示所有变量的 Cronbach's α 系数处于 0.796~0.860，CR 值处于 0.795~0.859，均大于 0.7 的标准。其次，运用 AMOS 17.0 软件建立测量模型，采用验证性因子分析的方法检验量表的收敛效度，测量模型的拟合度分析结果为：$\chi^2/df = 1.437$，$GFI = 0.971$，$CFI = 0.988$，$TLI = 0.980$，$NFI = 0.962$，$RMSEA = 0.049$，$PGFI = 0.451$，$PNFI = 0.595$；进一步分析表明所有问项的因子载荷均大于 0.5，各变量的平均方差萃取值（AVE）均大于 0.5，具体如表 4-2 所示。最后，如表 4-3 所示，在量表判别效度检验方面，先通过变量间的相关系数判断各变量之间是否存在自相关现象，再将各变量 AVE 值平方根与相关系数以进行比较的方法检验量表的判别效度，结果表明所有 AVE 值平方根均大于所在行和列的相关系数，表明量表具有较好的判别效度。

表 4-2　量表信度与收敛效度检验结果

潜变量	观测变量	因子载荷	CR	α 值	AVE
产品重要性 （PI）	我们的产品在采购商生产中是关键组成部分	0.805	0.795	0.796	0.565
	我们的产品是采购商需要优先购买的	0.734			
	我们的产品是采购商必须购买的	0.713			
产品复杂性 （PC）	我们的产品科技含量较高	0.760	0.846	0.846	0.578
	我们的产品工艺复杂	0.776			
	我们的产品原理不容易理解	0.786			
	我们的产品结构比较复杂	0.722			
B2B 品牌 导向（BR）	品牌化渗透到了我们的战略活动中	0.816	0.859	0.860	0.604
	长期的品牌计划是我们未来成功的关键	0.790			
	品牌成为我们的重要资产	0.779			
	在评价经营决策时，我们会考虑这些决策对品牌的影响	0.720			

续表

潜变量	观测变量	因子载荷	CR	α 值	AVE
市场竞争 强度 （MCT）	我们所在市场的竞争非常激烈	0.807			
	我们所在市场的竞争程度可用"激烈"来形容	0.822	0.835	0.836	0.628
	我们所在市场中有很多主导品牌	0.747			

表 4-3 变量描述性统计与判别效度检验

测量构念	均值	标准差	PI	PC	BR	MCT
PI	4.167	1.158	**0.766**			
PC	4.239	0.997	0.253**	**0.750**		
BR	4.174	1.184	0.476**	−0.011	**0.777**	
MCT	4.442	1.063	−0.110	−0.089	0.048	**0.056**

注：＊＊＊表示 $p<0.001$，＊＊表示 $p<0.005$，＊表示 $p<0.01$（双尾检验，下同）；加粗字体为潜变量的 AVE 值平方根。

（五）假设检验分析

1. 供应商产品特征与 B2B 品牌导向关系检验

在运用回归分析检验研究假设前，首先将企业规模（SIZE）和成立年限（YEAR）进行自然对数转换；其次以快速消费品为基准，对行业（IND）进行虚拟变量处理，共产生 5 个虚拟变量（IND1—IND5）；最后对产品重要性、产品复杂性及其二次项进行数据中心化处理。由表 4-4 和表 4-5 可知，方差膨胀因子（VIF）值处于 1.110~2.504，容忍度（Tolerance）处于 0.399~0.439，表明变量间不存在多重共线性。

基于此，模型 1 在控制企业规模、成立年限和行业类别等变量的影响后，产品重要性对 B2B 品牌导向的回归系数为 0.468（ $p<0.001$ ），方差解释率为 24.3%；模型 2 加入产品重要性的二次项后，产品重要性二次项对 B2B 品牌导向的回归系数为−0.212（ $p<0.005$ ）， R^2 显著增加 0.032（ $p<0.01$ ），说明产品重要性与 B2B 品牌导向存在倒"U"形关系。模型 3 中，产品复杂性对 B2B 品牌

导向的回归系数为 -0.023（p>0.05）；模型 4 中，产品复杂性二次项与 B2B 品牌导向显著正相关，回归系数为 0.408（p<0.001），R^2 显著增加 0.121（p<0.001），实证结果支持了产品复杂性与品牌导向之间的"U"形关系，说明与简单的线性关系相比，曲线关系更适合体现产品复杂性对品牌导向的作用形式。具体检验结果如表 4-4 所示。

表 4-4 供应商产品特征与品牌导向的非线性关系检验结果

变量	BR			
	模型 1	模型 2	模型 3	模型 4
SIZE	-0.024	-0.056	-0.049	0.001
YEAR	0.007	0.031	0.022	-0.044
IND1	-0.017	-0.040	-0.013	-0.033
IND2	-0.105	-0.114	-0.123	-0.109
IND3	-0.098	-0.100	-0.116	-0.109
IND4	-0.020	-0.017	-0.003	0.010
IND5	0.030	0.040	0.040	0.014
PI	0.468 ***	0.358 ***	—	0.347 ***
PI^2	—	-0.212 **	—	—
PC	—	—	-0.023	0.177 *
PC^2	—	—	—	0.408 ***
VIF	≤2.276	≤2.293	≤2.278	≤2.281
Tolerance	≥0.439	≥0.436	≥0.401	≥0.438
R^2	0.243	0.275	0.100	0.148
ΔR^2	—	0.032 *	—	0.121 ***
F	7.025 ***	7.324 ***	0.590	3.351 **

注：*** 表示 p<0.001，** 表示 p<0.005，* 表示 p<0.01。

2. 市场竞争强度调节效应检验

模型 5 为包含控制变量以及产品重要性、产品重要性二次项和市场竞争强度 3 个解释变量，模型 6 分别在模型 5 的基础上加入产品重要性二次项与市场竞争强度的交互项。结果表明，交互项"$PI^2 \times MCT$"对 B2B 品牌导向的回归系数为

-0.341（p<0.001），与模型 5 相比，模型 6 中方差变异解释率显著增加 0.086
（p<0.001），表明市场竞争强度负向调节产品重要性对 B2B 品牌导向的影响，两
者的倒"U"形关系进一步增强，H3 得到证实；模型 7 与模型 8 的分析结果显
示，产品复杂性二次项与市场竞争强度的交互项"PC²×MCT"对 B2B 品牌导向
的回归系数为 0.281（p<0.005），R^2 显著增加 0.048（p<0.01），说明产品复杂
性与 B2B 品牌导向的"U"形关系受到市场竞争强度的正向调节，H4 得到证实。
具体分析结果如表 4-5 所示。

表 4-5　市场竞争强度调节效应检验

变量	BR			
	模型 5	模型 6	模型 7	模型 8
SIZE	-0.038	0.007	0.006	-0.002
YEAR	0.019	0.005	-0.047	-0.038
IND1	0.020	0.065	-0.021	-0.039
IND2	-0.086	-0.067	-0.104	-0.115
IND3	-0.059	-0.028	-0.101	-0.111
IND4	0.009	0.026	0.015	0.005
IND5	0.034	0.039	0.020	-0.001
PI	0.358***	0.280***	—	—
PI^2	-0.244**	0.005	—	—
MCT	0.152*	0.123	0.030	0.006
PI×MCT	—	0.121	—	—
PI^2×MCT	—	-0.341***	—	—
PC	—	—	0.178*	0.198*
PC^2	—	—	0.406***	0.359***
PC×MCT	—	—	—	0.097
PC^2×MCT	—	—	—	0.281**
VIF	≤2.474	≤2.504	≤2.477	≤2.492
Tolerance	≥0.404	≥0.399	≥0.404	≥0.401
R^2	0.295	0.380	0.149	0.196
ΔR^2	—	0.086***	—	0.048*
F	7.226***	8.747***	3.018**	3.485***

注：***表示 p<0.001，**表示 p<0.005，*表示 p<0.01。

四、研究结论

（一）研究结论与讨论

建立 B2B 品牌导向的观念，提高以品牌为基础的市场竞争能力，是供应商在产业链中持续创造价值的重要途径（陈收等，2015），围绕 B2B 品牌构建战略导向也与我国"推动中国产品向中国品牌转变"的产业发展目标密切相关。本研究聚焦于产品重要性与产品复杂性两类关键的供应商产品特征，利用我国 184 家制造型供应商的样本数据证实了两类产品特征与 B2B 品牌导向的非线性关系，结果还进一步表明随着市场竞争程度增强，两类供应商产品特征与 B2B 品牌导向的非线性关系会进一步强化。

第一，供应商产品重要性与 B2B 品牌导向具有倒"U"形关系。尽管产品重要性被认为是供应商品牌化战略成功的重要前提（Homburg et al.，2010），但本章证实产品重要性与 B2B 品牌导向具有倒"U"形关系，表明产品重要性对供应商 B2B 品牌导向实施意愿的影响存在边界范围，当供应商产品对采购商的重要性超过中等水平，得益于议价能力提高以及采购商的依赖性增强，供应商的 B2B 品牌导向会逐渐减弱。

第二，供应商产品复杂性与品牌导向具有"U"形关系。当供应商产品的复杂性程度低于特定阈值时，由于采购商获取和搜索产品信息的成本较低（Brown et al.，2012），供应商不得不在交易过程中强调产品的客观属性，使产品复杂性与 B2B 品牌导向呈现负相关关系；但随着产品复杂性高于特定阈值后，供应商产品的专业性程度和技术含量进一步提高，为了有效传递产品质量或差异化信息，B2B 品牌导向逐渐受到供应商的重视。

第三，市场竞争强度对产品重要性和产品复杂性与 B2B 品牌导向的非线性关系具有显著影响。在竞争激烈的市场环境中，供应商产品重要性与 B2B 品牌导向的倒"U"形关系以及产品复杂性与 B2B 品牌导向的"U"形关系都会更加明显。这是因为市场竞争强度提高不仅意味着同一行业的供应商数量增加，也会引起技术更迭速度加快，导致供应商实施 B2B 品牌导向的"双刃剑"效应更加明显：一方面，供应商 B2B 品牌的信号传递功能得到放大；另一方面，供应商实施 B2B 品牌战略所需资源投入也相应提高。因此，在不同竞争程度的市场环境中，供应商产品特征对 B2B 品牌导向选择也会发挥不同的作用和潜力。

（二）研究价值与建议

本章的理论价值体现在以下三个方面：首先，弥补了已有研究较少关注 B2B 品牌导向前置变量的不足，将供应商产品特征视为实施 B2B 品牌导向的前提，对产品重要性和产品复杂性与 B2B 品牌导向的内在关系展开探讨。其次，产品特征与 B2B 品牌导向之间呈现非线性关系的发现，一方面对于深入理解供应商实施 B2B 品牌导向的原因和动机有重要理论意义，另一方面获得了以 B2C 品牌与 B2B 品牌的差异性为前提的品牌导向研究结论。最后，本章引入市场竞争强度这一影响企业战略执行与效果的外部环境变量作为边界条件，实现了在研究中通过对企业内部因素（产品特征）与外部环境（市场竞争强度）的匹配考察供应商实施 B2B 品牌导向意愿的目的，拓展了 B2B 品牌管理理论的发展。

同时，研究结论也为我国制造型供应商根据自身产品特征实施 B2B 品牌导向提供了管理启示。当产品对采购商的重要性程度适中时，更有利于激发供应商以 B2B 品牌为核心构建竞争战略的积极性；但是产品复杂性程度适中时，受到采购商理性化信息决策机制的限制，供应商实施 B2B 品牌导向的意愿反而降低，相反，产品复杂性程度较低和较高两种情境，对供应商的 B2B 品牌导向选择具有更显著的驱动作用。基于此，制造型供应商是否将 B2B 品牌导向视为企业营销行动与战略决策的指导原则，应基于对不同产品特征的均衡考虑，这是本研究对 B2B 品牌导向实践解释力的体现。此外，制造型供应商还应充分考虑产业市场中竞争强度的影响，由于市场竞争强度导致两类产品特征与 B2B 品牌导向的曲线关系变得更加陡峭，因此在竞争激烈的市场环境中，供应商更应该以产品重要性程度与复杂性程度为依据，对是否实施 B2B 品牌导向进行权衡，避免盲目进行 B2B 品牌投入导致企业承担风险和损失。

第五章　供应商组织知识对
B2B 品牌导向的影响

本章从组织知识视角出发，将供应商组织知识视为其实施 B2B 品牌导向的前置变量，并把供应商组织知识划分为技术知识和市场知识两类，探讨不同类型的组织知识与品牌导向的关系。通过本章研究，将为我国供应商根据组织知识类型与存量对 B2B 品牌战略活动进行投入，并重视产品同质化的影响提供对策建议。

一、理论基础

随着知识经济与信息技术的快速发展，越来越多的供应商希望通过获取和应用不同类型的组织知识来推动 B2B 品牌导向实施，使 B2B 品牌战略获得持续成长的基础。组织知识理论为该研究议题提供了基础，在厘清组织知识内涵和类型的基础上，构建组织知识对 B2B 品牌导向影响的概念模型，才能深刻理解不同类型的组织知识在供应商实施 B2B 品牌导向过程中起何种作用，进而为我国产业市场中的 B2B 品牌建设与发展提供指导和启示。

在知识经济时代，处于产业链上游的供应商为了保持竞争优势，需要不断获取外部市场知识，掌握下游采购商需求的变动情况，同时保持技术革新速度，增强产品开发能力，因此组织知识被认为是产业供应商获取竞争优势的重要来源（Castro，2015）。进一步看，不同的知识资源会影响企业价值链的各个环节，因此企业需要不断从外部市场和组织内部获取并利用各种知识类型，协助企业在市场竞争中立于不败之地（Leiponen & Helfat，2010）。因此，对组织知识进行合理划分是研究组织知识作用于企业战略效果的前提和基础。

Soo 等（2007）较早探索不同类型组织知识的效用，该研究提出组织可以从企业内部、顾客、竞争对手以及其他利益相关者各类机构中获取不同类型的知识，并根据知识来源将组织知识划分为技术知识和市场知识（Soo et al.，2007）；Wiklund 和 Shepherd（2010）进一步证实了技术知识和市场知识有助于企业发现和利用市场机遇，从而提升企业绩效（Wiklund & Shepherd，2010）；白杨等（2014）将技术知识与市场知识引入市场导向与组织创造力的关系研究中，从组织层面证实了两类知识在组织资源与产出过程中的重要作用（白杨等，2014）。基于上述分析，本章根据产业市场行业特点和组织知识内容的异质性特征，将组织知识划分为技术知识与市场知识两种类型。

二、供应商组织知识的影响

（一）技术知识与 B2B 品牌导向

当产业供应商处于技术知识存量较低的阶段时，往往具备企业规模小、资源紧张、产品技术含量低等特征，缺乏应对外部环境变化的实力保障，仅仅依靠现有的生产制造经验无法实现技术突破。此时，产业供应商需要致力于提高与竞争品牌的差异化程度，通过在 B2B 品牌导向战略上投入和配置资源，从而为采购商创造不可替代的品牌功能属性（Chovancová et al.，2015）。Dahlquist 和 Griffith（2014）的研究表明，产业供应商倾向于在便于操作、所需资源相对较少的品牌形象层面进行投入，如企业实施形象识别系统、通过产品包装和设计体现品牌特证，以此传递 B2B 品牌价值并在供应链中占据关键地位。当技术知识的积累不断增多，产业供应商会加大新产品开发或产品质量提升的投入，将此作为市场绩效增长的保证，但受限于成长阶段资源的约束性，产业供应商无法在生产规模、技术研发、市场扩张与 B2B 品牌战略的投入上达到平衡，所以对 B2B 品牌战略的关注会逐步减少（黄磊和吴朝彦，2016）。当产业供应商拥有的技术知识呈现较大程度的增长，产品研发和技术创新能力也会得到相应的提升，此时产业供应商对 B2B 品牌导向的关注能够帮助其以更高效的方式将技术知识转化为采购商感知价值，并以 B2B 品牌为载体为采购商提供持续的功能价值，带动采购商财务增长、顾客来源和管理效果等方面的溢价（李桂华和黄磊，2015），保持供应商在产业市场中的竞争优势。

基于上述分析，本研究认为产业供应商的技术知识对 B2B 品牌导向的影响过程呈现先降低再升高的趋势，即随着技术知识逐渐增加，供应商对 B2B 品牌导向重视程度不断减少；当达到一个临界值时，技术知识获取量的不断增长会促使产业供应商对 B2B 品牌导向的选择进一步增强。

基于此，本章提出如下假设：

H1：产业供应商的技术知识与 B2B 品牌导向具有"U"形曲线关系。

（二）市场知识与 B2B 品牌导向

在已有研究中，市场知识不仅被证实是影响企业战略实施及效果的关键变量（白杨等，2014），也是创造和提升品牌价值的影响因素。对于产业供应商而言，市场知识积累较少的原因在于产业市场中采购商数量较少，相较于消费者市场而言目标顾客更为集中，因此市场知识未成为产业供应商参与竞争的核心资源。这部分产业供应商更重视与采购商建立紧密关系，组织资源主要用于加大对采购商的专用性资产投入，此时供应商采纳 B2B 品牌导向的意愿较低（Brown et al.，2011）。随着市场知识的积累和增加，产业供应商一方面利用市场知识对产业市场及终端市场的需求变化进行预测和把握，在此基础上以 B2B 品牌为载体向采购商传递产品质量信息，从而形成对采购商的拉动效应，避免陷入长期进行专用性投资而形成的束缚（Ghosh & John，2009）；另一方面市场知识反映了外部消费需求、竞争者动态和跨部门职能整合状况，Laukkanen 等（2016）的研究证实了聚焦顾客、关注竞争和跨职能合作对 B2B 品牌导向的正向影响，表明市场知识获取与应用既是形成完整 B2B 品牌战略的前提，也是企业将存储的市场知识扩散到市场竞争中以提升绩效的重要手段（Laukkanen et al.，2015）。基于上述分析可以看出，组织市场知识构成 B2B 品牌导向实施的重要前提，即产业供应商会根据现有市场知识存量决定是否实施 B2B 品牌导向。

基于此，本章提出如下假设：

H2：供应商市场知识对 B2B 品牌导向具有显著的正向影响。

（三）产品同质性的调节效应

产品同质性是指产品之间在技术和其他属性利益方面的相同或相似程度，又称为产品的无差异性（Homburg et al.，2010）。在产品同质性较强的情境下，产业供应商倾向于将更多资源投入技术创新或流程改造上，试图在技术层面拉开与竞争对手的差距，产业供应商技术知识与 B2B 品牌导向的负向关系进一步强化（Chovancová et al.，2015）；但随着技术知识不断积累以至达到溢出程度时，企业在产品创新效果、技术复杂性、难以模仿性等方面已经具备一定优势，此时的产业供应商已经具备将产品层面的优势转移和扩散为品牌层面的优势，即通过实施 B2B 品牌战略赋予产品功能属性和增值能力等方面的价值，同时降低采购商在选择产品过程中的信息搜索成本，此时供应商采纳 B2B 品牌导向的意愿得到进一步提升。

同时，产品同质化程度加剧会引起市场竞争方式的变化，影响市场知识与 B2B 品牌导向的关系。当产品同质化水平较高时，采购商为了获取产品信息需要付出较高的成本，购买风险也会随之增加（黄磊和吴朝彦，2016）。在这种情境下，产业供应商通过市场知识的搜集能够准确把握采购商需求变动，以此为前提形成品牌信息载体，向采购商传递产品功能属性以及满足其生产需求的产品核心价值（李桂华和黄磊，2015）。基于上述分析，产品同质性对技术知识、市场知识与 B2B 品牌导向的关系具有强化作用。

基于此，本章提出如下假设：

H3：随着产品同质性增强，技术知识与 B2B 品牌导向的"U"形曲线关系增强。

H4：产品同质性强化了市场知识与 B2B 品牌导向的正向关系。

（四）技术知识—市场知识交互作用与 B2B 品牌导向

为了保持持续的竞争力，产业供应商需要开发和协同已有的技术知识和市场知识，只强调某一种知识并不利于构建具有核心竞争力的企业战略（常玉等，2011）。在技术知识与 B2B 品牌导向呈现负相关的区间，由于产业供应商资源投入的重心聚焦于技术知识的获取和积累，导致 B2B 品牌导向实施意愿不断降低，B2B 品牌为采购商提供的战略价值也在不断减少。该阶段产业供应商的技术知识获取与应用主要体现在产品开发、技术创新以及流程改造等方面（白杨等，2014），Song 和 Hanvanich（2005）等认为，企业在不考虑其他知识资源的条件下过度关注技术知识，容易导致企业承担技术与市场不匹配的风险，而市场知识对技术知识则能有效发挥互补作用（Song et al.，2005）。基于此，当产业供应商在技术知识积累阶段也同时重视对市场知识的获取，不仅有利于抵消内部学习和研发的风险，也可以提升产业供应商的市场洞察和营销能力，利用市场知识弥补有限的技术知识对 B2B 品牌导向的负面影响。

在技术知识与 B2B 品牌导向呈现正相关的区间，产业供应商技术知识与市场知识的交互作用对 B2B 品牌导向的影响也会出现相应的变化。一方面，当产业供应商技术知识与市场知识存量都较高时，技术知识能否转化为 B2B 品牌导向实施意愿，取决于该企业的技术知识体系是否基于对市场需求的认识构建，即要求产业供应商的技术知识与市场知识中关于市场和顾客的认知相匹配，而这无疑会增加供应商对两类知识协调、监控和沟通的成本，增加供应商导入 B2B 品牌战略的风险，供应商 B2B 品牌导向进程因此受到影响。另一方面，在两种知识存量较大的情况下，需要高度的跨职能合作以实现对两种知识的协同运用（Laukkanen et al.，2015），否则两种知识的协同效果将被削弱，缺少规范体制对知识管理的支撑会降低 B2B 品牌导向战略决策的效率，无法形成企业内部自上而下的品牌建设环境（常玉等，2011）。由此可知，在两类知识积累程度较高的情境下，市场知识会抵消技术知识对 B2B 品牌导向的正向影响，即两类知识的交互作用降低了产业供应商品牌导向的实施意愿。

基于此，本章提出如下假设：

H5：当技术知识与 B2B 品牌导向呈负相关关系时，技术知识与市场知识的交互作用对 B2B 品牌导向具有正向影响。

H6：当技术知识与 B2B 品牌导向呈正相关关系时，技术知识与市场知识的交互作用对 B2B 品牌导向具有负向影响。

三、研究设计

（一）样本选择与数据收集

考虑到针对产业制造业调研的难度较大，本章采用便利性调研的方法进行数据收集。问卷发放的方式包括两种：第一种方式是通过对我国成都和重庆两所重点高校的 MBA 和 EMBA 学员进行当面填答问卷收集数据；第二种方式是采用付费的方式，委托专业市场调研公司向符合研究要求的样本企业发放问卷并回收数据，调研地区包括浙江、广东和广西三个省份。两种方式一共发放 436 份问卷，回收 245 份，对回收问卷进行检验，剔除不符合调研要求的样本，并甄别出存在较多缺失值或填答存在明显倾向性的不合格样本，最终保留 220 份有效问卷，有效回收率为 50.5%。

为避免不同问卷发放方式对统计分析结果的影响，本章进一步对样本进行 t 检验和卡方检验，结果显示，t 值和 χ^2 值在 0.05 水平下不显著，意味着企业规模、企业年限、所处行业和所处地区等方面的差异在两种问卷发放方式之间并没有显著差异（见表 5-1）。

（二）变量测量

本章采用结构性问卷对样本企业进行数据收集，除控制变量外，所有问项设

表 5-1　样本供应商描述性统计（N=220）

企业规模（人）	样本数量（份）	百分比（%）	企业年限	样本数量（份）	百分比（%）
100 以下	78	35.5	5 年以下	69	31.4
101~300	48	21.8	5~9 年	86	39.1
301~500	61	27.7	10~15 年	47	21.4
500 以上	33	15.0	15 年以上	18	8.2
问卷发放方式的均值差异性检验	$t=-0.224$（Sig. = 0.823）		问卷发放方式的均值差异性检验	$t=-1.189$（Sig. = 0.236）	
所处行业	样本数量（份）	百分比（%）	所处地区	样本数量（份）	百分比（%）
汽车	58	26.4	浙江	54	24.5
通用与专用设备	35	15.9	广东	43	19.5
计算机、通信和其他电子设备	44	20.0	广西	22	10.0
化学纤维	24	10.9	重庆	45	20.5
服装服饰	30	13.6	成都	56	25.5
其他	29	13.2			
问卷发放方式的均值差异性检验	$\chi^2=4.006$（df=5, Sig. = 0.549）		问卷发放方式的均值差异性检验	$\chi^2=2.284$（df=4, Sig. = 0.684）	

计均采用 Likert 7 级量表进行测量，1 为完全不同意，7 为完全同意。在技术知识和市场知识的测量上，本研究主要借鉴白杨等（2014）的研究，其中技术知识主要测量企业在技术知识方面的获取和转化的程度，共由 4 个问项构成；市场知识包括顾客知识与竞争者知识，问项由顾客知识获取、顾客知识运用、竞争者信息收集与整合等内容构成，共 5 个问项。对因变量 B2B 品牌导向的测量，通过改编张婧和邓卉（2013）、Wong 和 Merrilees（2005）的量表，由 4 个问项构成。产品同质性参考 Homburg 等（2010）的文献，采用 3 个问项进行测量。具体量表内容如表 5-2 所示。

（三）信度与效度检验

在测量量表的信度检验方面，本章采用 Cronbach's α 系数和组合信度

产业市场情境下的供应商 B2B 品牌导向研究

表 5-2　量表信度与收敛效度检验结果

潜变量	观测变量	因子载荷	CR	α 值	AVE
技术知识（TK）	本企业经常收集与研究本行业技术发展信息	0.690	0.809	0.808	0.515
	本企业经常学习新的生产制造技巧	0.746			
	本企业能充分应用与产品生产相关的技术	0.756			
	本企业的生产制造技术能满足产品开发的需要	0.676			
市场知识（MK）	本企业经常与影响终端顾客购买行为的人员交流	0.759	0.854	0.852	0.541
	本企业会收集和分析采购商的信息	0.755			
	本企业将顾客知识或信息运用于产品开发生产流程	0.749			
	本企业通过各种渠道获取关于竞争者的市场信息	0.794			
	本企业较清楚地了解竞争对手的优缺点	0.606			
B2B 品牌导向（BR）	品牌化渗透到了本企业的战略活动中	0.836	0.872	0.871	0.630
	长期的品牌计划是本企业未来成功的关键	0.811			
	品牌成为本企业的重要资产	0.719			
	经营决策时，本企业会考虑这些决策对品牌的影响	0.804			
产品同质性（PH）	本企业所在行业很难通过产品特征形成与竞争对手的差异	0.788	0.826	0.826	0.613
	本企业的产品很难从功能上与竞争对手的产品区分开来	0.777			
	本企业的产品与竞争对手的产品为顾客提供相似的利益	0.784			

$\chi^2/df=2.008$；GFI=0.981；CFI=0.988；TLI=0.977；
NFI=0.978；RMSEA=0.068；PGFI=0.327；PNFI=0.489

（CR）两个指标作为评价标准，使用 SPSS 18.0 和 AMOS 7.0 对各变量的信度进行分析，结果表明测量量表中各变量的 Cronbach's α 系数最低值为 0.808，表明所有变量系数均大于 0.7 的标准值；组合信度（CR）最低值为 0.809，表明所有变量数值也都大于 0.7 的标准值，两类指标分析结果均表明本研究的测量量表具有较好的信度。

在测量量表的效度检验上，本书的问项均以已有文献中经过实证检验的量表为基础，结合我国产业制造业的 B2B 品牌实施情况进行调整，量表开发过程向产业营销领域的学者进行意见咨询，并通过小规模预调研对初始量表的提问方式

· 82 ·

和调研内容进行修订，保证了该量表具有较好的内容效度；收敛效度借助验证性因子分析进行检验，其中测量模型的拟合优度各项指标都达到拟合判断值，表明量表在整体上是可以接受的，进一步对各问项的因子载荷与各变量的平均方差萃取值（AVE）进行检验，两个指标都大于 0.5 的标准值，说明测量指标较好地汇聚于构念，并且各变量测量指标具有较好的同质性（见表 5-2）；判别效度采用模型中各变量的 AVE 平方根应大于其所在行与列相关系数的绝对值的方法检验，结果显示各变量的 AVE 平方根均大于该变量与其他变量的相关系数，变量间的判别效度也比较理想（见表 5-3）。

表 5-3　变量描述性统计与判别效度检验

测量构念	均值	标准差	TK	MK	BR	PH
TK	4.475	0.928	**0.718**			
MK	4.001	1.044	0.188	**0.736**		
BR	4.136	1.205	0.011	0.343**	**0.794**	
PH	4.439	1.055	−0.034	−0.127	0.075	**0.783**

注：＊＊＊表示 p<0.001，＊＊表示 p<0.005，＊表示 p<0.01（双尾检验，下同）；加粗字体为潜变量的 AVE 值平方根。

（四）假设检验分析

在运用回归分析检验研究假设前，根据数据分析的需要对变量进行处理，首先对企业规模（SIZE）和企业年限（YEAR）取自然对数，其次由于控制变量中的所处行业属于类别变量，因此将其进行虚拟变量处理，具体处理是以"汽车"为基准产生 5 个虚拟变量，其中，IND1 为"通用与专用设备"、IND2 为"计算机、通信和其他电子设备"、IND3 为"化学纤维"、IND4 为"服装服饰"、IND5 为"其他"。

1. 组织知识与 B2B 品牌导向关系检验

模型 1 在加入企业规模、企业年限和所处行业等控制变量后，技术知识对 B2B 品牌导向无显著影响，$\beta = -0.020$（p = 0.774），$R^2 = 0.032$；为检验技术知识与 B2B 品牌导向的"U"形关系，模型 2 在模型 1 的基础上加入技术知识的二次项，回归结果显示 β = 0.312（p<0.001），R^2 = 0.106，且模型 2 的 R^2 比模型 1 显著增加了 0.074（p<0.001），说明技术知识与 B2B 品牌导向存在"U"形关系，H1 通过数据实证检验。模型 3 中，在加入控制变量后，市场知识对 B2B 品牌导向呈现显著正向影响，β = 0.344（p<0.001），R^2 = 0.148，因此 H2 得到数据支持。从表 5-4 可以看出，方差膨胀因子（VIF）数值在 1 和 10，容忍度（Tolerance）均大于 0.1，表明变量间不存在显著的多重共线性问题。

表 5-4　组织知识与 B2B 品牌导向关系检验结果

变量	BR		
	模型 1	模型 2	模型 3
SIZE	−0.083	−0.087	−0.054
YEAR	−0.016	−0.045	−0.027
IND1	−0.057	−0.051	−0.098
IND2	−0.115	−0.067	−0.145
IND3	−0.182	−0.148	−0.196
IND4	−0.032	0.008	−0.068
IND5	−0.037	−0.004	−0.057
TK	−0.020	0.124	—
TK^2	—	0.312 ***	—
MK	—	—	0.344 ***
VIF	≤2.265	≤2.266	≤2.238
Tolerance	≥0.441	≥0.441	≥0.447
R^2	0.032	0.106	0.148
ΔR^2	—	0.074 ***	—
F	0.869	2.767 **	4.564 ***

注：*** 表示 p<0.001，** 表示 p<0.005（双尾检验，下同）。

2. 产品同质性调节效应检验

为进一步厘清组织知识与 B2B 品牌导向的关系，本研究将产品同质性作为调节变量，检验其对组织知识与 B2B 品牌导向关系的作用。回归分析以品牌导向为因变量，在模型4中将控制变量、技术知识、技术知识二次项和产品同质性纳入方程中对 B2B 品牌导向进行回归，构成控制变量和解释变量对因变量的主效应模型；在模型4的基础上，将技术知识与产品同质性的交互项"TK×PH"，以及技术知识二次项与产品同质性的交互项"$TK^2 \times PH$"纳入回归方程中，得到个别效应模型，即模型5。结果如表5-5所示，模型5中"$TK^2 \times PH$"对品牌导向影响显著，$\beta = 0.331$（$p<0.01$），$R^2 = 0.169$，与模型4相比，模型5的 R^2 显著增加了0.060（$p<0.01$），表明产品同质性对技术知识与 B2B 品牌导向的"U"形关系具有正向调节作用，即 H3 得到证实；模型6包含控制变量、市场知识和产品同质性3个解释变量，模型7则加入市场知识与产品同质性的交互项"MK×PH"，分析结果表明，市场知识与产品同质性的交互项对 B2B 品牌导向具有显著影响，$\beta = 0.142$（$p<0.05$），$R^2 = 0.182$，与模型6相比，模型7的 R^2 显著增加了0.022（$p<0.05$），说明产品同质性强化了市场知识对 B2B 品牌导向的正向作用，H4 通过数据检验。方差膨胀因子（VIF）数值在1和10之间，容忍度（Tolerance）均大于0.1，表明变量间的多重共线性不显著，具体分析结果如表5-5所示。

表5-5　产品同质性的调节作用

变量	BR			
	模型4	模型5	模型6	模型7
SIZE	−0.078	−0.075	−0.034	−0.033
YEAR	−0.050	−0.053	−0.038	−0.031
IND1	−0.041	−0.044	−0.081	−0.064
IND2	−0.070	−0.072	−0.154	−0.147
IND3	−0.143	−0.132	−0.188	−0.202
IND4	0.008	−0.015	−0.069	−0.057
IND5	−0.018	−0.003	−0.086	−0.087
TK	0.126	0.101	—	—
TK^2	0.311***	0.275***	—	—
PH	0.061	−0.091	0.120	0.131
TK×PH	—	0.109	—	—
$TK^2 \times PH$	—	0.331**	—	—
MK	—	—	0.359***	0.328***
MK×PH	—	—	—	0.142*

续表

变量	BR			
	模型 4	模型 5	模型 6	模型 7
VIF	≤2.296	≤2.309	≤2.260	≤2.279
Tolerance	≥0.435	≥0.433	≥0.446	≥0.444
R^2	0.109	0.169	0.160	0.182
ΔR^2	—	0.060**	—	0.022*
F	2.563**	3.507***	4.446***	4.435***

注：***表示 $p<0.001$，**表示 $p<0.005$，*表示 $p<0.01$（双尾检验，下同）。

3. 技术知识与市场知识交互效应的假设检验

为探讨技术知识与市场知识交互效应对 B2B 品牌导向的影响，本研究借鉴 Huang 等（2014）的研究方法，首先省略模型 2 中除技术知识和技术知识二次项外其他变量的影响，得到关于技术知识对 B2B 品牌导向影响的方程模型：$\text{Ln}BR = 0.124\text{TK} + 0.312\text{TK}^2$，将方程取一阶导数，并使其等于 0 可求出方程的解为 -0.199，该值即为技术知识与 B2B 品牌导向"U"形关系的临界值；其次以该值为分界点将样本企业分为两个组别：组别 1 是技术知识分值小于 -0.199 的样本，共包括 85 个企业；组别 2 由技术知识分值大于 -0.199 的样本构成，共有 135 个企业。

根据 H5，当技术知识与 B2B 品牌导向呈负相关时，技术知识与市场知识的交互效应对 B2B 品牌导向具有正向影响。本研究以组别 1 为样本，采用多元层级回归对 H5 进行实证检验。根据表 5-6 的分析结果，模型 8 中技术知识显著负向影响 B2B 品牌导向，市场知识则对 B2B 品牌导向有显著正向影响，回归系数分别为 $\beta = -0.311$（$p<0.01$）和 $\beta = 0.457$（$p<0.001$），模型 9 在模型 8 的基础上假如技术知识与市场知识的交互项"TK×MK"，结果表明该交互项对 B2B 品牌导向呈显著正向影响，$\beta = 0.272$（$p<0.01$），且 R^2 比模型 8 显著增加了 0.063（$p<0.01$），因此 H5 通过实证检验。

同理，以组别 2 为样本对 H6 进行假设检验。表 5-6 中的模型 10 结果表明，技术知识与市场知识均显著正向影响 B2B 品牌导向，回归系数分别为 $\beta = 0.212$

（p<0.05）和 $\beta=0.253$（p<0.01），模型 11 中技术知识与市场知识的交互项对 B2B 品牌导向具有显著负向影响，回归系数为 $\beta=-0.167$（p<0.05），R^2 显著增加 0.026（p<0.05），表明当技术知识分值大于临界值时，技术知识与市场知识的交互效应对 B2B 品牌导向具有负向影响，因此 H6 得到数据支持。

表 5-6　技术知识与市场知识交互效应的实证结果

变量	BR			
	组别 1：低分值技术知识组（N=85）		组别 2：高分值技术知识组（N=135）	
	模型 8	模型 9	模型 10	模型 11
SIZE	−0.2071	−0.254	−0.014	−0.027
YEAR	−0.063	−0.057	−0.041	−0.036
IND1	0.182	−0.135	−0.193	−0.164
IND2	0.032	−0.052	−0.029	−0.099
IND3	−0.033	−0.093	−0.040	−0.065
IND4	−0.056	−0.140	−0.085	−0.103
IND5	0.133	0.176	−0.145	−0.187
TK	−0.311**	−0.384***	0.212*	0.209*
MK	0.457***	0.420***	0.253**	0.256**
TK×MK	—	0.272**	—	−0.167*
VIF	≤2.541	≤2.576	≤2.237	≤2.241
Tolerance	≥0.394	≥0.388	≥0.447	≥0.446
R^2	0.486	0.548	0.170	0.196
ΔR^2	—	0.063**	—	0.026*
F	7.868**	8.984***	2.853**	3.027**

注：***表示 p<0.001，**表示 p<0.005，*表示 p<0.01（双尾检验，下同）。

四、研究结论

（一）研究发现

本章聚焦于技术知识与市场知识两类关键的组织知识类型，通过 220 家产业制造供应商的样本数据，证实了不同类型组织知识与 B2B 品牌导向的关系，并引入产品同质性作为调节变量，最后检验技术知识与市场知识交互作用对品牌导向的影响。

（1）产业供应商技术知识与市场知识对 B2B 品牌导向具有不同的影响。本研究通过检验证实技术知识与品牌导向呈现非线性关系，表明产业供应商的技术知识对 B2B 品牌导向的影响存在一个临界点。同时，本研究进一步检验了市场知识对 B2B 品牌导向的关系，结果显示随着市场知识存量的增加，产业供应商更趋向于实施品牌导向。

（2）产品同质化程度对技术知识和市场知识与 B2B 品牌导向的关系具有显著影响。产品同质化程度越强，产业市场中的竞争越趋于激烈，迫使产业供应商充分运用可获取的组织知识生成新的竞争战略。具体而言，产品同质化情境会使产业供应商对不同程度技术知识的使用出现更显著差异，导致技术知识与 B2B 品牌导向的"U"形关系更明显；同时，运用市场信息提升组织无形资产是供应商应对同质化竞争的重要手段，因此产品同质化强化了市场知识对 B2B 品牌导向的正向影响。

（3）技术知识与市场知识的交互作用对 B2B 品牌导向具有不同的影响。当技术知识逐渐向临界值递进时，技术知识与市场知识的交互效应对 B2B 品牌导向具有正向影响，表明该阶段的市场知识对技术知识起到补充作用，帮助产业供应商避免随着技术知识的增加而忽略 B2B 品牌的战略作用；当技术知识超过临界值时，技术知识与市场知识的交互效应对 B2B 品牌导向的作用存在冲突而相互抵消，导致产业供应商实施 B2B 品牌导向的意愿降低。

（二）研究价值与建议

本章的结论为我国产业市场中的供应商根据不同类型组织知识实施 B2B 品牌导向提供了以下管理启示：

一方面，由于技术知识与市场知识对 B2B 品牌导向的作用并不相同，产业供应商是否应当建立以 B2B 品牌为核心的战略导向，应当根据已掌握的组织知识类型与存量对 B2B 品牌战略活动进行投入。此外，技术知识与市场知识的交互效应对 B2B 品牌导向的影响结果表明，产业供应商既要避免单一重视某种知识积累而造成其他知识资源浪费以及战略效果出现偏差，又应当有意识地对不同类型组织知识进行合理配置与管理，建立动态的组织知识管理体制，充分发挥不同类型组织知识的互补效应，确保 B2B 品牌导向战略决策得以实施。

另一方面，产业供应商在将组织知识转化为 B2B 品牌导向的过程中，不应忽视产品同质化对组织知识与 B2B 品牌导向关系的影响。产品同质化导致技术知识与 B2B 品牌导向的曲线关系变得更加陡峭，同时也强化了市场知识对 B2B 品牌导向的影响，因此产业供应商应重视实施 B2B 品牌导向的边界条件，即供应商应根据所处行业的产品同质化程度对是否实施 B2B 品牌导向进行权衡，避免盲目进行产业品牌投入导致企业承担风险和损失。

第六章 资源基础观视角下的
B2B 品牌导向与品牌绩效

本章以资源基础观为视角，将供应商资源区分为产权型资源和知识型资源，构建"B2B 品牌导向—供应商资源投入—品牌绩效"的理论模型，探讨 B2B 品牌导向对品牌绩效的作用机制。通过本章研究，一方面试图回答供应商的 B2B 品牌导向如何转化为品牌绩效的问题，弥补已有研究的不足；另一方面通过探索 B2B 品牌导向作用于品牌绩效的内在机理与边界条件，为我国产业市场中的供应商实施品牌导向提供启示。

一、理论基础

（一）现有理论观点

尽管理论发展和实践需求都表明围绕品牌构建战略导向对供应商提高竞争优势具有重要意义，但已有研究并未厘清品牌导向如何作用于品牌绩效的内在机理，如 Wong 和 Merrilees（2007）、Hankinson（2012）等学者证实了品牌导向与品牌绩效间的正相关关系，但 Hirvonen 和 Laukkanen（2014）的实证结果表明品牌导向无法直接影响品牌绩效。理论研究结论的不一致，也反映在大部分供应商未能通过品牌战略提高产品溢出价值。为弥补已有研究的不足，部分学者引入资源基础理论，关注品牌导向与绩效之间的内在联系。Urde（1999）在对品牌导向进行探讨时，较早提及企业资源在品牌导向构建中的作用，他认为品牌导向是企业以品牌为核心制定的战略导向，通过对企业资源进行利用和发展，企业能够强化品牌识别和积累品牌资产，使品牌成为企业竞争优势的来源；Evans 等（2012）进一步提出，当企业寻求建立强势的品牌导向或战略性品牌定位时，需要投入资源将品牌塑造成组织战略决策的主导逻辑。

为突破已有结论不一致的局限，上述分析以资源基础理论为依据，将品牌导向视为供应商通过开发现有资源或发展新资源，以提高企业经济效应的手段，由此推测供应商资源投入在品牌导向创造价值过程中发挥了关键作用。本章在借鉴现有观点的基础上，以产业市场中的 B2B 品牌为研究对象，进一步按照"战略导向—行为过程—绩效结果"的理论范式（彭正龙和何培旭，2015），探索性地构建了以供应商资源投入为中介变量和市场竞争强度为调节变量的 B2B 品牌导向对品牌绩效影响的概念模型。

（二）供应商资源类别

已有研究对企业资源的关注大多以资源基础观为依据，探讨企业如何通过投入和使用资源获取竞争优势，由于本章所关注的问题是供应商资源投入在 B2B 品牌导向发挥效用过程中的作用，因此主要围绕两者的关系进行文献梳理。该领域研究主要基于两个理论基础展开探讨：一个是 Keller 和 Lehmann（2003）提出的品牌价值链模型，其研究逻辑为企业通过营销资源投入影响顾客对品牌的感知，进而影响企业绩效。以品牌价值链模型为依据的典型研究有：Dahlquist 和 Griffith（2014）证实，供应商通过对采购商和终端顾客进行营销投入能增加其品牌差异化，有助于供应商在不确定环境中获得利润增长；Kim 和 Hyun（2011）研究表明，包括渠道、价格、促销和售后服务在内的营销资源投入对供应商形象和 B2B 品牌资产均有正向影响。另一个是交易成本理论，以该理论为基础展开研究的学者将供应商投入的资源视为专用性投资，即供应商投入的资源无法在其他方面重复使用，而这种专用性投资在组织间交易中容易唤起采购方对 B2B 品牌的情感认知。Ghosh 和 John（2009）将交易成本理论引入 B2B 品牌关系研究中，发现当采购商感受到供应商在 B2B 品牌中投入的专用性资源程度越高，越愿意为供应商提供成分品牌化合同。

根据 Linder 和 Seidenstricker（2010）的观点，产业市场中 B2B 品牌化效果是基于供应商资源所形成的一种难以复制的竞争优势，因此供应商投入的资源不仅能创造 B2B 品牌价值，还应该很难被竞争对手模仿。无论是品牌价值链模型还是交易成本理论的资源视角，与"难以被模仿"这一特征并没有直接的相关性，导致现有研究未能有效反映供应商资源与 B2B 品牌化关系的本质。基于此，本研究以"难以被模仿"作为供应商资源的考察标准，并借鉴 Miller 和 Shamsie（1996）关于资源基础观的论述，将供应商资源划分为产权型资源（Property-Based Resources）与知识型资源两类（Knowledge-Based Resources），其中，产权型资源是指产权受到明确保护（如合同、契约和专利等）的资源类型，这种资源的不可模仿性源自其所有权受到法律保护，因而能帮助供应商获得垄断性经济租金；知识型资源具有非实体的特征，其不可模仿性在于资源发挥作用的过程不容易被察觉和理解，并且能赋予供应商特殊的技能，帮助供应商适应市场需求和有效面对竞争挑战。

（三）品牌绩效

品牌绩效体现了品牌为企业带来的持续竞争优势，对品牌绩效的理解可以归纳为两个视角：基于顾客的品牌资产视角（Customer-Based Brand Equity Perspective）和财务视角（Financial Perspective）。从基于顾客的品牌资产视角出发，品牌绩效通常被视为顾客对品牌的认知、态度、购买意愿和溢价支付意愿等，该视角下的品牌绩效既反映了 Aaker（1997）所提出的忠诚、感知价值、联想和意识等顾客关于品牌的态度，也体现了品牌在市场中取得的成效。从财务视角出发，部分学者采用财务盈利的方法衡量品牌绩效，将企业财务增长的程度归结为品牌所创造的价值（Worm & Srivastava，2014）。针对两种不同的品牌绩效观点，Hirvonen 和 Laukkanen（2014）认为，基于顾客的品牌资产是驱动品牌财务绩效增长的关键，如果顾客没有感知到品牌的潜在价值，将会降低品牌在市场中的表现，进而导致企业无法通过品牌提升财务绩效。结合张婧和邓卉（2013）对产业市场中品牌绩效的研究，本章研究采用基于顾客的品牌资产来反映在 B2B 品牌导向影响下的品牌绩效。

综上所述，已有研究为 B2B 品牌导向理论发展做出一定贡献，但这些研究还存在以下不足之处：第一，缺少对品牌导向与绩效产出间关键变量的探讨，大多数研究仅构建品牌导向直接作用于绩效产出的简单逻辑，不利于深刻揭露两者关系的内在机理；第二，尽管资源基础理论在品牌导向研究中逐渐受到重视（Wong & Merrilees，2007），但已有研究主要将品牌视为企业的战略性资源，却忽略了在品牌能带来竞争优势之前，企业首先需要对品牌进行资源投入（Evans et al.，2012）；第三，为数不多的 B2B 品牌导向文献主要以西方国家供应商为研究对象，考虑到产业市场特征具有较为明显的地域差异，已有研究结论难以为我国供应商实施 B2B 品牌导向提供启示。为弥补 B2B 品牌导向的上述研究缺口，本章一方面借鉴资源基础理论的观点，将供应商资源投入视为一种组织行为过程，按照"战略导向—行为过程—绩效结果"的理论逻辑，探讨供应商 B2B 品牌导向如何通过不同类型资源投入提升品牌绩效的机制，该研究范式聚焦于揭露战略导向价值创造转化的"黑箱"，即关注战略导向对绩效影响的转化过程和路径，从而推动战略导向研究向各种情景和多元化对象拓展（彭正龙和何培旭，2015）；另一方面与张婧和蒋艳新（2016）的研究相一致，本章意识到随着 B2B 品牌在组织间交易中的作用性逐渐提高，应将品牌研究的焦点从消费者市场转向产业市场，为产业市场中的品牌战略提供建议，但与上述研究以互动理论为视角不同，该研究认为企业资源投入的类型与程度才是 B2B 品牌导向成功实施的关键，为深刻理解 B2B 品牌导向的效用机制提供新的视角。

二、B2B 品牌导向对品牌绩效的影响

（一）B2B 品牌导向对供应商资源投入的影响

Wong 和 Merrilees（2007）提出，品牌导向仅仅是影响企业营销行动与战略

决策的指导原则，体现为一种战略方向的观念集合，而企业需要投入资源或培育能力来将品牌导向观念转换成企业品牌化实践。依据本研究对资源的分类，供应商的资源投入可划分为产权型资源和知识型资源两种类型，其中产权型资源包括生产设备、销售渠道、技术研发等，这些资源投入构成供应商参与市场竞争的基础保障（Van Riel et al.，2005）。通过投入和配置产权型资源，供应商能够将 B2B 品牌导向转化为供应商在交易过程中的影响力，充分发挥 B2B 品牌降低感知风险、减少信息搜索成本和提供形象利益的作用（Backhaus et al.，2011）。从渠道管理的角度看，供应商实施品牌导向的过程中除强调 B2B 品牌的差异性外，还应该为品牌投入专用性资源（Ghosh & John，2009），原因在于专用性资源具有不可转移性，能够形成采购商对 B2B 品牌的锁定效应，保证供应商品牌导向的实施效果。

供应商的知识型资源包括专业知识、经验或创新能力，体现了为采购商解决问题的知识与技能（Han & Sung，2008）。产业市场中的供应商通过投入知识型资源来满足采购商的需求并为其创造价值，已经成为提高 B2B 品牌市场竞争力的有效手段。具体而言，供应商位于产业价值链上游，为避免派生需求带来的制约，需要采用持续的学习和创新对采购商变动的需求做出及时响应，拉动采购商对 B2B 品牌的需求（Beverland et al.，2011）。已有研究表明，与缺乏经验或创新的企业相比，以品牌作为战略导向的企业更倾向于在领导力、内部沟通以及人力资源管理等方面进行投入，并将组织学习与创新能力视为品牌导向在企业层面得以执行的前提（Baumgarth & Schmidt，2010）。

基于此，本章提出如下假设：

H1：B2B 品牌导向对供应商产权型资源投入有显著正向影响；

H2：B2B 品牌导向对供应商知识型资源投入有显著正向影响。

（二）供应商资源投入对品牌绩效的影响

B2B 品牌的知名度和市场表现都能通过供应商产权型资源的投入和配置来实现，而产业环境变化、采购商需求多元化以及组织间关系调整也为产权型资源提升 B2B 品牌化效果发挥作用提供条件，推动产权型资源成为 B2B 品牌绩效的主要影响因素。产权型资源不仅受到法律或合同的保护，还具有较强的专用性，对竞争对手的模仿和复制行为形成阻碍（Miller & Shamsie，1996），因而能在 B2B 品牌经营活动中创造高于竞争对手的价值，为供应商带来较明显的竞争优势。同时，产权型资源投入体现了供应商对交易关系的专用性投资以及对采购商定制化需求的积极响应，能够有效引导采购商将 B2B 品牌所代表的功能属性作为判断产品可靠性的载体（Kim & Hyun，2011）。

Van Reil 等（2005）的研究表明，采购商在对供应商进行选择和评估时，倾向于对拥有良好技能、知识或经验的供应商表现出更高的积极性，这类供应商通常以 B2B 品牌为依托，为采购商提供丰富的信息、拥有良好技能的员工并对采购商需求做出快速响应。究其原因，知识型资源投入实际上延伸和扩展了产品或服务本身的价值，通过提高 B2B 品牌识别度影响采购商决策过程的可靠性感知，维持以 B2B 品牌为载体的交易关系（Coleman et al.，2015）。投入知识型资源的供应商还能向采购商传递其较强适应能力和创新领导地位的信息，有利于供应商在产业市场中建立起行业领先者的形象，因此知识型资源投入被视为 B2B 品牌价值提升的重要基础。

基于此，本章提出如下假设：

H3：供应商产权型资源投入对品牌绩效有显著正向影响；

H4：供应商知识型资源投入对品牌绩效有显著正向影响。

（三）供应商资源投入的中介效应

已有研究为品牌导向与品牌绩效间的正相关关系提供了充分支持，但 Hirvonen 和 Laukkanen（2014）提出，品牌导向本身不会为顾客提供价值，顾客需要通过接触和获取能反映价值的载体，才能对企业的品牌导向做出认知和行为反应。品牌导向作为企业战略实施的起点，发挥着引导企业配置资源进而决定品牌战略效果的重要作用，但是由于 B2B 品牌更多体现出无形和感性的属性（Leek & Christodoulides，2011），因此在 B2B 品牌导向转换为品牌绩效的过程中，供应商应通过资源投入与配置增强品牌在企业间关系中的影响力。

供应商能够借助产权型资源受到法律或合同保护的价值来源，推动采购商将 B2B 品牌视为降低购买风险和不确定性的承诺与担保，提高采购商对 B2B 品牌的价值评价和购买意愿（Ghosh & John, 2009）；同时，随着依赖人际关系和提供回扣等组织间销售方式逐渐被规范的市场体制所取代，供应商产权型资源投入与 B2B 品牌化效果间的联系和互动关系得到增强（赵远亮等，2008），产权型资源的专用性与垄断性特征在 B2B 品牌导向转换为品牌绩效的过程中发挥了更直接的作用。由此可知，供应商产权型资源投入强化了 B2B 品牌导向对品牌绩效的影响。供应商的知识型资源是实现其所宣称品牌价值的知识与能力基础，有助于提高采购商对品牌价值的认知（Han & Sung, 2008）。知识型资源投入在 B2B 品牌导向转化为品牌绩效的过程中发挥了信号传递功能，即通过有效的技术支持、完善的售后服务、快速准确的产品配送以及有针对性的员工培训等活动，影响采购商对 B2B 品牌价值的判断和选择。由此可知，供应商的知识型资源投入有效唤起采购商对 B2B 品牌的重视程度，提高采购商对供应商品牌战略导向的理解（Jalkala & Keränen, 2014），因此知识型资源投入在 B2B 品牌导向与品牌绩效关系间具有关键作用。

基于此，本章提出如下假设：

H5：产权型资源投入在 B2B 品牌导向与品牌绩效间具有中介效应；

H6：知识型资源投入在 B2B 品牌导向与品牌绩效间具有中介效应。

（四）市场竞争强度的调节效应

在影响品牌导向效果的外部环境中，市场竞争强度反映了行业内竞争对手数量、进入壁垒以及企业间的竞争程度，因而被认为是作用于企业战略导向与企业绩效关系的重要外生环境变量（Kohli & Jaworski, 1990）。Brown 等（2011）提出由于产业市场中的购买行为存在较高的感知风险，所以市场竞争强度变化对采购商是否采用 B2B 品牌作为购买线索具有显著影响。

当供应商市场竞争强度加剧，市场化交易更为开放和透明，采购商将面临更多可供选择的产品，难以对所有供应商进行充分的信息搜索或深入分析，为了降低信息搜索成本同时又避免采购失误带来的潜在损失，采购商倾向于采用客观的判断标准制定购买决策，如关注供应商为 B2B 品牌上投入专用性资源的多少（Ghosh & John, 2009），或该 B2B 品牌在市场中是否具备良好形象等（Worm &

Srivastava，2014）。由此可知，当市场竞争程度较高时，供应商投入的产权型资源不仅有助于体现 B2B 品牌价值，也能降低企业顾客的采购成本，提高采购商对 B2B 品牌的购买倾向。此外，在竞争激烈的市场环境中，规范的市场交易机制作用更为显著，通过经验、知识、学习和创新来为采购商创造 B2B 品牌价值，成为供应商在交易关系中处于关键地位的基础（Jalkala & Keränen，2014），这种转变推动知识型资源投入以更快的速度向商品化转变，并借助透明的市场秩序提高采购商对 B2B 品牌属性的认知，增强知识型资源对品牌绩效的影响（Baumgarth & Schmidt，2010）。同时，根据 Miller 和 Shame（1996）关于知识型资源价值来源的论述，供应商投入的知识型资源不仅体现了技术性专长和创新性专长，也提高了供应商面对快速变化市场环境的适应能力和应变能力，进而提高采购商对 B2B 品牌价值的判断和评价。

基于此，本章提出如下假设：

H7：随着市场竞争强度增加，产权型资源投入对品牌绩效的正向作用得到增强；

H8：随着市场竞争强度增加，知识型资源投入对品牌绩效的正向作用得到增强。

（五）资源投入均衡程度对品牌绩效的影响

尽管越来越多供应商意识到投入资源发展 B2B 品牌的重要性，但采购商对不同 B2B 品牌价值的感知却具有很大差异（Backhaus et al.，2010），这是由于受到资源禀赋的影响以及自身条件的约束，不同供应商对不同类别资源的重视程度有所不同，导致 B2B 品牌的战略效果出现差别。根据系统性理论的观点，企业战略的制定需要考虑资源系统内各单元之间的关联机制与协同关系，以达到资源系统效用最佳化的目的，这表明供应商在投入和配置资源的过程中，应对不同类型的资源加以整合并达到均衡分配，避免在品牌培育的某些重要环节中投入不足（张燚和张锐，2005）。

尽管产权型资源由于法律或合同的保护而具有难以复制的优势，能为供应商创造较高的 B2B 品牌差异化优势，但是供应商在产权型资源投资上的回报率会随着产业环境变化而产生边际效应，即投入的资源逐渐趋同于社会平均报酬率，难以为供应商的 B2B 品牌战略提供持续的竞争优势与利润增长。为了获得更高的品牌溢价，供应商在保证产权型资源的基础上，转向投入知识和能力为特征的知识型资源，以实现与多方利益相关者形成网络效应（Han & Sung，2008）。同时，供应商能够通过知识型资源投入与管理将无形资产转化为 B2B 品牌在市场中的竞争优势（赵远亮等，2008），但由于组织间交易的特征要求供应商具备承担机会成本和转化成本的能力，要求供应商根据采购商需求在生产设备和销售渠道等方面做出改变（Beverland et al.，2007），因此只有以市场认可和受法律保护的产权型资源为基础，知识型资源才能为市场竞争中的 B2B 品牌创造溢出价值。从上述分析可知，产权型资源投入与知识型资源投入相互贯穿和交融，形成紧密的联动关系，当供应商在两类资源投入过程中进行配置与整合并实现协同，有助于弥补原有单一资源的不足，提高资源对品牌绩效的效用。

基于此，本章提出如下假设：

H9：产权型资源与知识型资源投入均衡程度对品牌绩效有显著正向影响。

综上所述，本章的概念模型如图 6-1 所示。

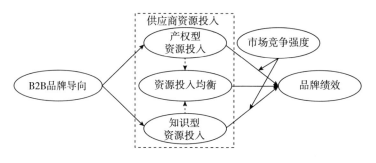

图 6-1　本章概念模型

三、研究设计

（一）样本选择与数据收集

本章以我国为样本选择区域。一方面，2014 年我国的工业产值占世界总产值的 22% 以上，其中 221 种工业产品产量居世界第一，为本章关注 B2B 品牌发展提供了良好的研究背景和环境；另一方面，我国产业市场中大部分供应商的 B2B 品牌意识还不强，尤其是知名品牌数量匮乏，B2B 品牌需求和发展现实的差距使该研究的调查研究具有典型性。本章以我国产业市场中的供应商作为研究对象，问卷填答者主要为企业中高层管理人员。

调研过程主要采用两种方式发放问卷：第一种方式是联系行业协会和产业园区管理部门，在详细陈述课题意义和样本要求后，由他们协助将问卷发放给辖区内的企业负责人；第二种方式是通过付费借助专业市场调研公司联系符合研究需要的样本企业，由调研公司进行问卷方法和回收。调研过程经历两个半月，两种方式共发放问卷 556 份，回收 193 份，剔除缺失值较多或具有明显回答倾向（大多数题项选择极端值或者中间值）的样本后，保留有效问卷 178 份，有效回收率为 32%。本次调研样本主要集中在电子（26.4%）、汽车（21.3%）和通信（18.0%）三大行业，样本既具有行业代表性又具有分布广泛性。调研样本特征如表 6-1 所示。

表 6-1　样本供应商描述性统计（N=178）

企业规模（人）	样本数量（份）	百分比（%）	企业年限	样本数量（份）	百分比（%）
100 以下	33	18.5	5 年以下	55	30.9
101~500	69	38.8	5~9 年	72	40.4
501~1000	47	26.4	10~15 年	34	19.1
1000 以上	29	16.3	15 年以上	17	9.6
行业类别	样本数量（份）	百分比（%）	所在地区	样本数量（份）	百分比（%）
快速消费品	24	13.5	东部	24	13.5
电子	47	26.4	北部	78	43.8
通信	32	18.0	西部	26	14.6
服装	19	10.7	南部	32	18.0
汽车	38	21.3	中部	18	10.1
其他行业	18	10.1			

（二）变量测量

①自变量：B2B 品牌导向的测量参考 Wong 和 Merrilees（2007）的研究，聚焦于品牌管理在供应商竞争战略中的关键作用，共包含 4 个题项。②中介变量：产权型资源投入借鉴 Ghosh 和 Jonh（2009）、O'Cass 和 Ngo（2012）的量表，从供应商的生产设备、分销渠道、专利开发和营销投入等方面进行测量，设计了 5 个题项；知识型资源投入反映为供应商在合作技能、创造性技能以及知识和经验等方面的投入，具体测量对 O'Cass 和 Ngo（2012）、Han 和 Sung（2008）的量表进行改编，共有 5 个题项。③因变量：品牌绩效借鉴张婧和邓卉（2013）的观点，共包括 4 个题项。④调节变量：市场竞争强度综合借鉴 Kohli 和 Jaworski（1990）、Brown 等（2011）的研究，采用 3 个题项进行提问。⑤控制变量：本研究选取采购中心规模、潜在供应商数量和行业类别这 3 个可能影响分析结果的变量进行控制，其中，采购中心规模采用参与采购决策员工的人数来反映；潜在供应商数量的测量让被访者估计该行业市场中可供选择的供应商数量进行；行业类别则请被访者回答企业所在行业类型。除控制变量外，本章问项均采用 Likert 7 级量表进行测度，1 为完全不同意，7 为完全同意。具体量表内容如表 6-2 所示。

（三）信度与效度检验

本章采用 Cronbach's α 系数和组合信度（CR）判别量表的信度，分析结果显示所有变量的 α 值介于 0.813~0.881，CR 值介于 0.814~0.884，均大于 0.7 的标准值，具体内容如表 6-2 所示。

表 6-2 量表信度与收敛效度检验结果

潜变量	观测变量	因子载荷	CR	α 值	AVE
B2B 品牌导向	品牌化渗透到了我们战略活动中	0.783	0.850	0.849	0.586
	长期的品牌计划是我们未来成功的关键	0.796			
	品牌成为我们重要的资产	0.696			
	企业里的员工都将产品或服务品牌化视为企业的优先目标	0.784			

续表

潜变量	观测变量	因子载荷	CR	α 值	AVE
产权型 资源投入	我们在生产设备上进行大量投资	0.725	0.865	0.864	0.562
	我们构建了完善的分销渠道	0.713			
	我们投入资源完善交付系统	0.735			
	我们为产品申请专利	0.775			
	我们进行投入以保证生产能力	0.796			
知识型 资源投入	我们致力于提高跨部门合作中的有效性	0.779	0.884	0.879	0.604
	我们投入资源进行生产流程创新	0.810			
	我们努力提高企业管理上的创新	0.759			
	我们在质量促进计划上进行投入	0.724			
	我们对员工进行培训以适应顾客的需要	0.810			
品牌绩效	我们已经在目标市场上建立了很高的品牌知名度	0.830	0.882	0.881	0.652
	我们已经建立了卓越的品牌声誉	0.786			
	我们非常满意自己的品牌推广效果	0.812			
	我们已经获得了顾客高度的品牌忠诚度	0.802			
市场竞争 强度	我们所在市场的竞争非常激烈	0.785	0.814	0.813	0.594
	我们所在市场的竞争程度可用"激烈"来形容	0.709			
	我们所在市场中有很多主导品牌	0.815			

　　效度检验包括内容效度和结构效度的评价。本章的测量问项均借鉴国内外成熟的量表，在问卷开发过程中预先对学者和行业专家进行小组访谈，并依据访谈结果对问卷进行修订，保证了测量量表的内容效度。结构效度从收敛效度和判别效度两个方面测量，其中收敛效度采用 AMOS 17.0 进行验证性因子分析，分析结果显示：$\chi^2/df = 1.811$，GFI $= 0.940$，CFI $= 0.968$，TLI $= 0.958$，RMSEA $= 0.068$，PGFI $= 0.581$，表明测量模型拟合度理想。在此基础上，所有观察变量的标准化因子载荷和平均方差萃取值（AVE）均大于 0.5 的标准值（见表 6-2），表明量表的收敛效度达到可接受水平。最后，判别效度采用模型中各构念的 AVE 平方根应大于其所在行与列相关系数的绝对值的方法检验，结果如表 6-3 所示，说明量表具有较好的判别效度。

表6-3 潜变量描述性统计与判别效度检验

测量构念	均值	标准差	1	2	3	4	5
B2B 品牌导向	4.178	1.142	**0.766**				
产权型资源投入	4.398	1.031	0.322**	**0.750**			
知识型资源投入	4.309	1.003	0.355**	0.494**	**0.777**		
品牌绩效	4.225	1.049	0.259**	0.412**	0.355**	**0.807**	
市场竞争强度	4.356	0.981	0.049	0.001	-0.123	0.056	**0.771**

注：***表示 $p<0.001$，**表示 $p<0.005$，*表示 $p<0.01$（双尾检验，下同）；加粗字体为潜变量的 AVE 值平方根。

（四）偏差检验

为了避免相同数据来源造成的共变误差，本章采用 Harman 单因素检验法对共同方法偏差进行检验。首先，对数据进行同源方法偏差检验，为了避免多个变量的数据来自同一被访者所造成的误差。探索性因子分析（EFA）结果表明，未旋转的第一个主成分载荷量为 31.626%，并未出现单一因子能解释大部分变异的情况。同时，将所有测量题项负载到单一因子上时，测量模型的拟合度结果为：$\chi^2/df=6.520$，GFI $= 0.578$，CFI $= 0.543$，TLI $= 0.482$，RMSEA $= 0.117$，PGFI $= 0.456$，说明模型拟合度较差。其次，为检验无应答偏差是否影响数据分析结果，将无效问卷和有效问卷进行 t 值检验，结果显示两类问卷在企业规模和企业年限上的差异并不显著（$p>0.05$），由此判断无应答偏差可以忽略。

（五）假设检验分析

1. 结构方程模型路径分析

在采用结构方程模型检验 H1～H4 前，首先借助 AMOS 17.0 对数据与概念模型的匹配程度进行检验，所采用的评价指标包括绝对拟合指标、相对拟合指标和简约拟合指标三类。理论模型的绝对拟合度指标检验结果为：$\chi^2/df=1.770$，GFI $= 0.882$，RMSEA $= 0.066$。为弥补绝对拟合指标的不足，本章还采用相对拟合指标和简约拟合指标对数据与模型的匹配程度进行检验，相对拟合指标结果为：IFI＝0.939，TLI＝0.928，CFI＝0.938。简约拟合指标结果为：PGFI＝0.675，PNFI＝0.745。以上拟合指标结果表明，本研究构建的理论模型合理，适合用于进一步的路径分析。

从表6-4可以看出，B2B品牌导向作用于产权型资源投入与知识型资源投入的标准路径系数分别为0.414（p<0.001）和0.453（p<0.001），H1和H2都得到数据支持；产权型资源投入作用于品牌绩效的标准路径系数为0.364（p<0.001），知识型资源投入作用于品牌绩效的标准路径系数为0.231（p<0.05），表明两类资源投入对品牌绩效均具有显著正向影响，H3和H4通过实证检验。

表6-4 结构模型的标准化路径系数检验结果

研究假设	路径关系	标准化路径系数	t 值（p 值）	检验结果
H1	B2B 品牌导向→产权型资源投入	0.414	4.467（***）	支持
H2	B2B 品牌导向→知识型资源投入	0.453	4.866（***）	支持
H3	产权型资源投入→品牌绩效	0.364	3.684（***）	支持
H4	知识型资源投入→品牌绩效	0.231	2.461（*）	支持

2. 中介效应检验

为检验两类资源投入在B2B品牌导向与品牌绩效间的中介效应，本研究采用多层级回归方法进行测量。在进行中介效应回归之前，为减少控制变量非正态分布的影响，对采购中心规模和潜在供应商数量取自然对数；由于所处的行业类别为类别变量，因此需要进行虚拟变量处理，具体以"快速消费品"为基准产生5个虚拟变量，行业$_1$为"电子"，行业$_2$为"通信"，行业$_3$为"服装"，行业$_4$为"汽车"，行业$_5$为"其他行业"。

在按照数据分析要求对相关变量进行处理后，采用方差膨胀因子（VIF）和容忍度（Tolerance）两个指标对变量间可能存在的多重共线性进行检验。结果显示，所有变量的VIF值≤2.949，容忍度≥0.339，由此可知，本研究模型中的变量间并不存在多重共线性现象，可以进一步运用回归分析对相关假设进行检验。

表6-5　供应商资源投入的中介效应检验

控制变量	模型 1	模型 2	模型 3	模型 4	模型 5
	品牌绩效	产权型资源投入	品牌绩效	知识型资源投入	品牌绩效
采购中心规模	-0.019	-0.093	0.015	-0.165	0.031
潜在供应商数量	-0.140	-0.083	-0.110	-0.089	-0.114
行业$_1$	0.128	-0.029	0.139	-0.118	0.164
行业$_2$	-0.011	0.022	-0.019	-0.162	0.038
行业$_3$	0.105	-0.049	0.123	-0.131	0.145
行业$_4$	-0.011	-0.002	-0.010	-0.094	0.018
行业$_5$	0.093	0.018	0.086	-0.019	0.099
解释变量	—	—	—	—	—
品牌导向	0.257**	0.322***	0.139	0.347***	0.152*
产权型资源投入	—	—	0.367***	—	—
知识型资源投入	—	—	—	—	0.303***
模型统计量	—	—	—	—	—
容忍度	≥0.339	≥0.339	≥0.339	≥0.339	≥0.337
VIF 值	≤2.949	≤2.949	≤2.949	≤2.949	≤2.965
R^2	0.107	0.126	0.225	0.178	0.182
调整后 R^2	0.065	0.084	0.183	0.139	0.139
F	2.532*	3.040**	5.414***	4.571***	4.163***

注：＊＊＊表示 $p<0.001$，＊＊表示 $p<0.005$，＊表示 $p<0.01$（双尾检验，下同）。

通过表6-5可以看出，模型1是以品牌绩效为因变量，加入控制变量与品牌导向的回归模型，结果显示品牌导向与品牌绩效显著正相关（$\beta=0.257$，$p<0.01$）；模型2是以产权型资源投入为因变量，加入控制变量与品牌导向的回归模型，结果显示品牌导向与产权型资源投入显著正相关（$\beta=0.322$，$p<0.001$）；模型3则将品牌导向与产权型资源投入同时纳入回归方程对品牌绩效进行回归，结果显示品牌导向对品牌绩效的影响不显著（$\beta=0.139$，$p>0.05$），表明产权型资源投入在品牌导向与品牌绩效间具有完全中介效应，H5通过检验。模型4与模型5则是在模型1的基础上对知识型资源投入的中介效应进行检验，模型4

的回归结果显示品牌导向与知识型资源投入显著正相关（$\beta = 0.347$，$p<0.001$），模型 5 表明在加入知识型资源投入后，品牌导向对品牌绩效的影响仍然显著（$\beta = 0.152$，$p<0.05$），但回归系数减小，说明知识型资源投入在品牌导向与品牌绩效间具有部分中介效应，H6 通过检验。

3. 市场竞争强度的调节效应

本研究采用多层级回归方法检验市场竞争强度的调节效应。首先对产权型资源投入和知识型资源投入分别作中心化处理后，与市场竞争强度相乘，得到交互项"产权型资源投入×市场竞争强度"和"知识型资源投入×市场竞争强度"。多重共线性检验结果为 VIF 值≤3.018，容忍度≥0.331。模型 6 为包含控制变量和解释变量的主效应模型，模型 7 和模型 8 分别在模型 6 基础上分别加入交互项。结果表明，模型 7 中"产权型资源投入×市场竞争强度"对品牌绩效的影响显著正相关（$\beta = 0.240$，$p<0.01$），R^2 显著增加 0.052（$p<0.01$），表明市场竞争强度强化了产权型资源投入对品牌绩效的影响，H7 得到证实；模型 8 中"知识型资源投入×市场竞争强度"对品牌绩效的回归系数不显著（$\beta = 0.114$，$p > 0.05$），R^2 增加 0.01，但不具有统计意义上的显著性（$p = 0.132$），H8 未能得到数据支持。具体分析结果如表 6-6 所示。

表 6-6　市场竞争强度调节效应与资源投入均衡程度影响的检验

控制变量	模型 6	模型 7	模型 8	模型 9
	品牌绩效	品牌绩效	品牌绩效	品牌绩效
采购中心规模	0.039	0.049	0.006	0.022
潜在供应商数量	−0.092	−0.071	−0.094	−0.094
行业$_1$	0.162	0.198	0.140	0.171
行业$_2$	−0.001	0.041	0.003	0.054
行业$_3$	0.130	0.125	0.119	0.170
行业$_4$	0.006	0.040	0.001	0.011
行业$_5$	0.078	0.097	0.066	0.131
解释变量				
产权型资源投入	0.311***	0.255**	0.318***	0.392***

续表

控制变量	模型 6	模型 7	模型 8	模型 9
	品牌绩效	品牌绩效	品牌绩效	品牌绩效
知识型资源投入	0.212**	0.226**	0.173*	0.240**
市场竞争强度	0.070	0.101	0.072	
交互项				
产权型资源投入×市场竞争强度		0.240**		
知识型资源投入×市场竞争强度			0.114	
产权型资源×知识型资源				0.340***
模型统计量				
容忍度	≥0.374	≥0.371	≥0.331	≥0.337
VIF 值	≤2.673	≤2.695	≤3.018	≤2.968
R^2	0.242	0.294	0.252	0.339
调整后的 R^2	0.196	0.274	0.202	0.299
ΔR^2		0.052**	0.01	0.101***
F	5.321***	6.280***	5.082***	8.552***

注：***表示 $p<0.001$，**表示 $p<0.005$，*表示 $p<0.01$（双尾检验，下同）。

4. 资源投入均衡对品牌绩效的影响

本章采用产权型资源投入与知识型资源投入的乘积反映两类资源的均衡程度，测量因子用"产权型资源投入×知识型资源投入"表示。该模型中的多重共线性检验结果为 VIF 值≤2.968，容忍度≥0.337。从表 6-6 可以看出，模型 9 在主效应模型（模型 6）基础上加入"产权型资源投入×知识型资源投入"，结果显示两类资源投入均衡对品牌绩效具有显著正向影响（$\beta = 0.340$，$p<0.001$），且 R^2 显著增加 0.101（$p<0.001$），H9 得到数据支持。分析结果如表 6-6 所示。

四、研究结论

（一）研究发现

关于品牌导向对品牌绩效的影响，现有研究已经得出较为一致的结论，但该过程的作用机制却鲜有学者关注，尤其是产业市场中 B2B 品牌导向如何转化为品牌绩效的研究更为匮乏。本章结合资源基础理论的观点，探讨了供应商资源投入在 B2B 品牌导向与品牌绩效间的关键作用，并进一步关注市场竞争强度和资源均衡程度的影响。研究结果表明：

第一，B2B 品牌导向推动供应商更积极地投入产权型资源与知识型资源，原因在于实施 B2B 品牌导向的供应商更关注以品牌为载体所获取的竞争优势，因此倾向于投入竞争对手难以复制的战略性资源提升 B2B 品牌在交易过程中的竞争力。

第二，投入产权型资源与知识型资源有助于提升供应商的品牌绩效，表明供应商资源实际上发挥了为 B2B 品牌的质量、属性和交付提供担保的作用，有助于提高采购商的既得利益，因此能够影响 B2B 品牌在产业市场中的绩效表现。

第三，产权型资源投入和知识型资源投入在 B2B 品牌导向与品牌绩效间具有中介效应，但两类资源发挥作用的不同之处在于，产权型资源投入在品牌导向与品牌绩效间发挥完全中介作用，知识型资源投入则发挥部分中介作用，这是由于知识型资源以非实体形式存在，具有复杂性和模糊性等特征，需要与其他要素或流程整合才能创造和传递品牌价值，因此很难将品牌导向对品牌绩效的促进作用完全归因为知识型资源投入。

第四，本章还发现市场竞争强度对产权型资源投入与品牌绩效关系的调节效应不显著，可能的原因在于产权型资源的价值源自法律壁垒对获取和使用资源权利的保护，而市场中的采购商只要付出相应的交易条件，即可将这种受到保护的、有价值的资源转移到自身企业中（Skilton, 2009），因此无论市场竞争环境如何变化，投入的产权型资源对 B2B 品牌绩效的影响都具有一定稳定性；但研究证实了市场竞争强度对知识型资源投入与品牌绩效关系具有显著强化作用，表明随着市场中竞争加剧，供应商投入的知识型资源对品牌绩效影响更显著。

第五，产权型资源与知识型资源在投入上的均衡配置对品牌绩效有显著影响，该发现证实了张燚和张锐的观点在 B2B 品牌类别中的适用性（吴晓云和张峰，2014），进一步表明供应商投入的资源具有系统性和关联性，因此需要重视不同资源的协同效果以达到提升品牌绩效的目的。

（二）研究价值与建议

本章研究的理论贡献：首先，以资源基础观为理论切入点，通过构建和验证 B2B 品牌导向通过供应商资源投入提升品牌绩效的关系链，深入理解供应商如何通过 B2B 品牌导向获取竞争优势的本质规律；其次，关注了两类供应商资源投入的中介效应与市场竞争强度的调节效应，系统揭示了品牌导向如何转化为品牌绩效的作用机理与边界条件，同时检验了两类资源投入均衡程度对品牌绩效的影响，在将战略领域重要构念与研究方法用于解释产业营销现象的同时，在一定程度上拓展了 B2B 品牌化的研究范畴；最后，以中国产业链上游的供应商作为研究对象，不仅对西方文献中品牌导向效用的推测在中国产业市场情境中进行检验，也有助于启发国内学者围绕 B2B 品牌导向展开研究，形成关于我国供应商究竟应该如何实施品牌战略的系统性认识。

在管理启示方面，本章结论有助于指导供应商以构建 B2B 品牌导向为起点，通过投入和配置产权型资源与知识型资源提升品牌绩效，实现通过 B2B 品牌战略在产业价值链中获取竞争优势的目的，突破订单生产模式以及派生需求导致的发展瓶颈。具体而言，供应商一方面应当重视产权型资源投入与知识型资源投入在 B2B 品牌导向转化为品牌绩效过程中的关键作用，两类资源投入不仅能支撑品牌导向的实施，也因其难以模仿而有效提升品牌绩效；另一方面应结合产业市场中的竞争程度，有针对性地对不同资源进行合理投入和配置，实现 B2B 品牌价值效益最大化，同时考虑到 B2B 品牌导向实施的系统性，供应商还应该重视不同类型资源的互补作用，避免过分投入单一资源而削弱品牌战略实施的效果。

第七章 价值共创视角下的 B2B 品牌导向与品牌绩效

目前，B2B 品牌研究主要从单一的顾客视角对 B2B 品牌价值进行解读，既忽略了考察供应商企业资产在 B2B 品牌导向实施过程中的支撑作用，也无法回答各利益相关方在 B2B 品牌价值创造过程中所发挥的价值网络作用。针对这一研究空白，本章将 B2B 品牌导向实施过程视为同时包含企业创新资产和顾客资产的两种行动路径，并引入价值共创的理论观点，探讨采购商认同并投入参与供应商 B2B 品牌建设的关键作用，最后引入供应商网络化能力作为 B2B 品牌导向与采购商价值共创行为之间的调节变量，从而明确了 B2B 品牌导向的边界条件。

一、理论基础

（一）品牌情境下的企业资产

基础资源观强调，当企业拥有有价值、稀有、无法模仿和无可替代的资产或资产组合时，可以为企业带来竞争优势和高于平均水平的财务业绩。Srivastava 等（1998）开发了市场资产框架，用于衡量营销活动对股东价值的影响。在这个框架中，市场资产的概念被定义为公司与其外部环境中的实体混合而产生的资产，是由关系资产和知识资产组成的二维结构。Fang 等（2011）在已有研究基础上，进一步聚焦于企业的顾客资产和创新资产，并围绕顾客资产和创新资产在深度和广度上进行分解，探究其相互作用对企业绩效及绩效变化的影响，该研究发现这两种资产的互补效应能够为企业带来较高绩效，而资产多样化和资产集中的配置策略反而会造成企业绩效减少。上述观点的共同点在于，都意识到了 B2B 品牌价值取决于供应商可利用和可支配的资产，具体而言，顾客资产能直接促进 B2B 品牌价值，而创新资产则要通过品牌关联来影响产业品牌价值。国内以本土案例企业为研究对象的研究也表明，企业能够通过重构顾客资产、创新资产的宽度与深度，以匹配内外部环境，从而形成不同的品牌战略选择，推动了品牌战略研究的深化（张娜等，2017）。

通过对已有文献进行梳理发现，基于品牌情境对顾客资产和创新资产开展的研究较为匮乏，也尚未有以产业链上游的供应商为研究对象，分析顾客资产和创新资产与 B2B 品牌绩效过程中的作用机制。因此，从 B2B 采购商视角出发探究供应商的顾客资产和创新资产，有利于理解顾客资产和创新资产与 B2B 品牌战略效果的关系。

（二）B2B 行业的品牌价值共创研究

B2C 市场与 C2C 市场为品牌价值共创研究提供了良好的情境。现有研究表明，从企业角度出发，品牌互动和品牌体验是建立品牌价值和发展企业顾客长期信任关系的关键，企业通过了解消费者的需求和愿望，从而提供令消费者满意的品牌体验（Iglesias et al.，2013）；从客户自身角度出发，价值共创行为能够提升消费者的满意度与服务体验（Vazquez et al.，2013）。同时，在态度和行为层面也影响消费者对企业的忠诚度（Silva et al.，2016）。C2C 情境下的品牌价值共创研究主要体现在虚拟品牌社群或在线品牌社群中。在线品牌社群环境中的消费者参与过程反映了社群参与者之间的价值共同创造，其带来的结果增强了消费者的忠诚度、满意度，加强了消费者之间的情感联系、信任和承诺。

在上述研究基础上，部分学者提出 B2B 市场中也存在品牌价值共创行为。张婧和邓卉（2013）通过定性访谈识别了品牌价值共创活动的关键维度并验证了其对品牌绩效的影响。Chang 等（2018）分析 B2B 情境下品牌导向与价值共创的关系，提出企业应该将战略重点放在品牌推广上，顾客参与价值共创能够让企业投入精力为其提供卓越的品牌价值，有助于关系品牌资产的发展。B2B 采购的性质是基于关系的交易而非基于价格竞争的交易倾向，参与价值共创的顾客对 B2B 品牌具有更高的忠诚度和满意度，能够为企业带来更高的回购率（Payne et al.，2008）。因此，在 B2B 品牌推广过程中，如果缺少客户参与价值共创，企业则难以创造和传递品牌价值。此外，一些学者从能力观的角度探讨了 B2B 情境下的价值共创。例如，O'Cass 和 Ngo（2012）研究了 B2B 公司的产品创新能力和营销能力在促进共同创造价值方面的作用，为 B2B 企业提供了如何通过部署特别能力为其客户创造价值的关键视角。严建援和何群英（2017）整合了动态能力理论的理论框架，探讨了 B2B 情境下顾客参与电商平台价值共创、动态能力和顾客价值间的关系。

通过对已有文献进行梳理发现，B2B 情境下的品牌价值共创已经受到产业营销研究者的重视，但相关研究结论还较为有限，尤其在 B2B 品牌导向的作用下，采购商品牌价值共创行为是否会出现不同程度的变化，并进一步影响 B2B 品牌的市场表现，将能为供应商 B2B 品牌管理提供具有指导性的建议。

（三）网络化能力

随着企业的生存环境日益网络化，网络已经成为企业竞争和成长的必要条件。网络化能力被视为企业利用现有的企业间关系，探索与外部实体的新关系以实现资源配置从而获得竞争优势的能力（Yang et al.，2018）。在产业市场中，通过网络化能力，企业可以利用合作伙伴网络来更有效地获取资源，为企业顾客提供所需的解决方案，进而创造价值。

在已有研究中，网络化能力被证实对战略导向与组织绩效之间的关系具有调节作用。利用网络化能力，企业可以通过在发展的不同阶段有目的地获取、整合和重新配置资源来改变企业的资源基础，从而实现既定目标，已有研究也证实了网络能力有助于加强网络资源对企业绩效的影响（Mu，2013）。部分学者采用动态能力视角进一步阐明网络化能力在促进战略定位与绩效关系中的作用，关注网络化能力在多种战略导向下的调节作用，在这部分研究中，网络化能力不仅被证实能够促进创业导向对新产品开发绩效的影响，同时也增强了市场导向对新产品开发绩效的影响（Mu et al.，2017）。基于基础资源观与能力配置相结合的研究也表明，网络化能力可以强化技术相关能力在绩效增长方面的积极作用，但却会减弱顾客相关能力对绩效增长的正向影响。通过上述分析可以看出，网络化能力的调节作用既存在于不同战略导向与绩效之间，也会影响资源、能力等变量与绩效之间的关系，为本研究引入网络化能力作为 B2B 品牌导向实施的边界条件提供了理论支撑。

二、B2B 品牌导向与企业资产的协同效应

（一）B2B 品牌导向与创新资产的协同效应

B2B 品牌导向与创新资产协同实际上是一种聚焦组织内部技术开发和创新的品牌导向，旨在为采购商提供持续的、理性的品牌功能价值。供应商在实施 B2B 品牌导向战略时的创新投入，一方面是通过开发和应用新技术等方式向采购商传递出其产品具有良好质量和功能的信号（严子淳等，2017），推动品牌形象的传播；另一方面通过提高品牌差异化程度，对采购商定制化需求进行积极响应等，帮助采购商获取竞争优势。同时，具有创新能力的供应商在实施 B2B 品牌导向战略时，能够通过法律和法规等保护机制提高采购商对产品功能和属性的认知，使其对供应商 B2B 品牌形成较高的品牌认同。B2B 品牌导向与创新资产协同作用降低了采购商的品牌感知风险，提供了产品质量保证，使采购商更愿意进行信息交流与共享、遵守指导方针等参与行为。

供应商 B2B 品牌导向与创新资产发挥协同作用时，实际上形成了供应商围绕 B2B 品牌进行的专用性投资，其实质是供应商将企业所拥有的知识与原有能力相结合进行创新，在企业内部构建新的不易被对手模仿的技术能力（黄磊和李巍，2014）。采购商在对 B2B 品牌进行选择时，大多属于理性购买者，会重点考虑该 B2B 品牌投入再生产后为自身品牌或产品带来的效益。而这种专用性投资

在组织间交易中容易唤起采购商对 B2B 品牌的情感认知（李桂华和黄磊，2014），使采购商自觉主动地向他人推荐供应商产品，愿意耐心等待供应商提供服务，从而增强了采购商的公民行为。

基于此，本章提出如下假设：

H1：B2B 品牌导向与创新资产协同对采购商参与行为有正向影响；

H2：B2B 品牌导向与创新资产协同对采购商公民行为有正向影响。

（二）B2B 品牌导向与顾客资产的协同效应

B2B 品牌导向与顾客资产协同就其本质而言，是指供应商依赖于自身拥有的关于顾客需求和偏好的知识与经验来指导品牌战略活动，从而围绕 B2B 品牌与采购商建立起长期合作关系。顾客资产作为企业构建 B2B 品牌战略的核心资产，对 B2B 品牌战略具有重要影响（张娜等，2017）。拥有广泛顾客资产的供应商在实施 B2B 品牌导向时，能够接收到多层级市场的信息来识别跨多个细分市场的共同趋势（Fang et al.，2011），迅速在多个细分市场推出新产品，满足采购商的独特需求以达到创造和提升品牌价值的目的。这种识别能力使供应商对 B2B、B2C 双层级市场中的顾客信息进行整合，帮助采购商降低获取顾客信息的成本，提高决策的安全性和可靠性。同时，在供应商 B2B 品牌导向与顾客资产发挥协同作用时，不仅使采购商在与其顾客资源交流过程中获得知识等利益，还会加强采购商对 B2B 品牌的认同感（张辉等，2010），促进采购商的参与行为。

在实施 B2B 品牌导向的过程中，拥有深厚顾客资产的供应商通常拥有更紧密的顾客关系，对采购商的愿望和行为有更深层次的了解（Palmatier & Robert，2008），因此在处理顾客关系方面更具有经验。这有助于供应商对资源进行合理配置以及针对采购商提出更合理的战略决策，使品牌经营活动中的伙伴关系得到维持和发展。采购商在进行选择和购买时，对具有丰富顾客知识或经验、掌握大量顾客资源的供应商会表现出更多的关注，原因在于供应商的顾客资产有助于采购商维持现有市场或开发新的顾客资源（严子淳等，2017）。而当供应商 B2B 品牌导向与顾客资产发挥协同作用时，会为采购商带来拓宽市场渠道等方面的优势，促使采购商加强与供应商在 B2B 品牌方面的合作，最终形成品牌联盟，实现双方品牌价值增值。因此，采购商对该 B2B 品牌的公民行为有所增强。

基于此，本章提出如下假设：

H3：B2B 品牌导向与顾客资产协同对采购商参与行为有正向影响；

H4：B2B 品牌导向与顾客资产协同对采购商公民行为有正向影响。

（三）采购商品牌价值共创行为对品牌绩效的影响

品牌绩效体现了品牌为企业带来的持续竞争优势，通常被视为顾客对品牌的认知、忠诚、购买意愿和溢价支付意愿等（黄磊和吴朝彦，2017）。一方面，采购商参与行为，如参与品牌开发、测评等活动，为供应商提供了更好地了解采购商期待并改进其营销效果的机会。另一方面，供应商可以认识到采购商的需求，从而提供量身定制的营销方式（Grönroos，2011）。借鉴 B2C 情境下的价值共创行为研究发现，顾客参与行为会提高其对品牌的了解和认知，并建立起与品牌之间的情感联结，从而提升顾客的满意度和信任度，促进其品牌忠诚和品牌承诺（Brodie et al.，2013）。顾客参与行为对关系价值有积极影响，原因在于参与行为增强了双方的信任、承诺和相互依赖，减少了合作中的冲突（严建援和何群英，2017），进而影响品牌绩效的增长。

在 B2B 市场中，推荐和口碑是品牌绩效成长的重要来源。公民行为包含了推荐的行为表现，顾客自发参与度越高，就会越排斥其他品牌并产生积极的品牌推荐意识（Madupu & Cooley，2010）。采购商公民行为如及时向供应商反馈产品使用情况，使其能够快速解决潜在的问题，避免对品牌产生负面影响，保证良好的品牌口碑。公民行为能够提高双方合作的价值，包括容忍等行为可以更好地维护双方基于品牌的合作关系。而 B2B 采购的性质是依赖基于关系的交易，良好的合作关系能够为供应商带来更高的回购率（Payne et al.，2008）。

基于此，本章提出如下假设：

H5：采购商参与行为对品牌绩效有正向影响；

H6：采购商公民行为对品牌绩效有正向影响。

（四）网络化能力的调节效应

在影响企业战略导向效果的外部环境中，网络化能力被证实是作用于企业战略导向与企业绩效关系的重要外生环境变量（Walter et al. ，2006）。网络化能力能帮助供应商与采购商、外部投资者、政府机构、金融和科研机构等建立良好的关系，并通过这些关系来获得生产新产品、提供新服务或者采用新流程、新技术等所需的创新能力（朱秀梅等，2010）。在 B2B 品牌导向与创新资产发挥协同作用过程中，供应商通过网络化能力获取、吸收和扩散知识并整合网络伙伴资源，在自有资源与网络伙伴资源之间搭建桥梁，实现内部自由资源与外部网络资源的良性互动（方刚，2011）。这个过程推动采供双方进行频繁交流，减少信息不对称，建立起彼此共享的行事规范，从而使采购商乐于接受供应商的指导，遵守其规则和政策，提高了采购商参与行为。

网络化能力越强，意味着供应商在 B2B 品牌导向与创新资产发挥协同作用时能够利用的外部关系资源越多。众多的网络关系资源为供应商在 B2B 品牌价值的构建过程中提供了广泛与深厚的创新资产，使其在创新领域和专业技术方面拥有独特的知识。同时，网络化能力还能帮助供应商在与采购商合作过程中，通过形成共同的价值理念和建立认可的关系规范达成共识，强化彼此信任关系。信任可以强化采购商的合作动机，吸引采购商参与品牌创新，以此提升其主动进行品牌价值共创的积极性，增强采购商在供应商品牌导向与创新资产协同作用过程中的公民行为。

基于此，本章提出以下假设：

H7：随着供应商网络化能力增强，B2B 品牌导向与创新资产协同对采购商参与行为的正向作用得到增强；

H8：随着供应商网络化能力增强，B2B 品牌导向与创新资产协同对采购商公民行为的正向作用得到增强。

由于企业自身内部资源的有限性，在 B2B 品牌导向与顾客资产发挥协同作用时，拥有较强网络化能力的供应商能够带来更多的外部资源帮助构建 B2B 品牌价值。具体而言，供应商借助外部网络将自有资源与网络伙伴资源建立联系，实现内部自由资源与外部顾客资源的良性互动（李纲等，2017），从而推动 B2B 品牌发展。当供应商拥有广泛的网络合作伙伴时，其掌握的市场信息将变得更加丰富和完整，从而更容易分析市场的变化（Yang et al.，2018）。而采购商在决定是否参与价值共创时，往往会考虑通过价值共创行为分享供应商的顾客资源和市场信息。原因在于复杂的市场环境让采购商难以进行充分的信息搜索或深入分析，而网络化能力较强的供应商拥有较多的合作伙伴和市场信息，可以帮助采购商降低市场不确定性风险（Mu，2013）。因此，当供应商网络化能力较强时，B2B 品牌导向与顾客资产协同会提高采购商的参与行为倾向。

网络化能力在供应商实施 B2B 品牌导向的过程中本身可以带来顾客资源，促进 B2B 品牌导向与顾客资产协同，因此可以被看作是顾客资产的来源之一。在竞争激烈的产业市场中，供应商通过网络化能力利用外部资源不仅促进自身品牌成长，同时也为采购商带去更多的顾客资源。对于采购商而言，其在价值共创过程中不能仅仅利用交易关系所带来的资源，还要整合由交易关系所衍生出来的其他实体资源（肖萌和马钦海，2017），才能为自身创造更高的价值。而由供应商网络化能力所带来的顾客资源，恰好为采购商提供了机会，帮助其维持或扩大现有的市场。基于再生产后能够为自身带来效益的角度出发，采购商在供应商 B2B 品牌导向与顾客资产协同过程中的公民行为得到增强。

基于此，本章提出以下假设：

H9：随着供应商网络化能力增强，B2B 品牌导向与顾客资产协同对采购商参与行为的正向作用得到增强；

H10：随着供应商网络化能力增强，B2B 品牌导向与顾客资产协同对采购商公民行为的正向作用得到增强。

综上所述，本章概念模型如图 7-1 所示。

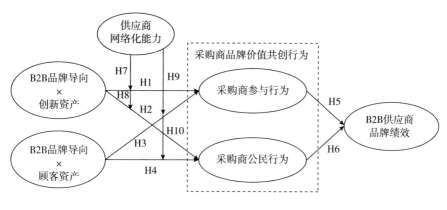

图 7-1　本章概念模型

三、研究设计

（一）样本选择与数据收集

由于本章模型包括了来自供应商和采购商的测量问项，意味着在研究设计中需要采用双向配对样本来对概念模型进行实证检验。为实现这一目的，研究者选择滚雪球抽样这一便利抽样方法展开调研。选择这一抽样方式的优势在于：第一，便利抽样属于典型的非随机抽样方法，是基于便利性和可行性的依据对特定样本进行抽取，能提高获取样本数据的有效性和时效性；第二，滚雪球抽样是配对样本数据获取的常用手段，以人际关系为载体的数据获取方式有助于保证双向填答的信息对称，减少应答偏差导致的分析结果出现误差。

具体调研过程：首先，联系符合调研要求的供应商企业被访者，例如该企业的高管人员、区域经理、营销部负责人或决策层相关人员，邀请他们对问卷中的"供应商填写部分"进行填答，并以"A001"作为起始编码对供应商样本进行编号；其次，在完成填答后，请他们在该企业顾客名单中选择一个采购商企业，由该被访者转交问卷或帮助研究团队推荐，请该采购商企业负责人对"采购商填写部分"进行填答，为避免供应商已填答信息的引导或暗示，项目组将采购商填写部分的问卷单独进行发放，以"B×××"作为采购商样本编号方式，其中"×××"对应供应商样本的编号；最后，将回收的问卷进行编号对比，进行数据输入和统一处理。

　　本章所选择的供应商企业被访者必须满足三个条件：①该被访者所在企业实施了品牌化战略；②该被访者了解企业品牌建设的基本情况；③该被访者所推荐的采购商被访者应了解采供双方合作具体情况。本章的数据调研过程依托国家自然科学基金项目开展，在具体执行过程中，研究者基于时间成本、经济成本以及研究可行性的考虑，采用两种途径接触调研对象，第一种是依托研究团队的人际关系，包括校友、同学以及其他私人关系联系供应商企业被访者，在邀请他们填答问卷后再推荐采购商企业被访者，同时项目团队还在重庆和天津地区高校的MBA、EMBA学员中选取符合研究要求的供应商企业样本作为调研对象；第二种是借助专业市场调研平台进行问卷发放与回收，按照调研平台的要求将调研问卷转化成电子文本并形成链接，以付费的方式委托调研平台选择供应商样本与采购商样本进行数据收集。经过为期两个月的调研，研究者一共向296对供应商与采购商样本发放问卷，收回186对企业填答的有效问卷，有效率为63.2%。本研究对两种途径来源的数据进行方差检验，分析结果表明不同途径来源的数据无显著差异，适合进行整合分析。样本企业基本情况如表7-1所示。

表7-1　样本企业描述性统计

样本特征	供应商	采购商	样本特征	供应商	采购商
经营年份			员工人数		
1年以下	9.1%	12.9%	100人以下	6.5%	10.2%
1~3年	23.1%	41.9%	100~199人	28.0%	32.2%
4~6年	30.1%	21.5%	200~499人	41.9%	30.6%
7~10年	25.3%	18.9%	500~999人	15.5%	17.8%
10年以上	12.4%	4.8%	1000人以上	8.1%	9.2%

续表

样本特征	供应商	采购商	样本特征	供应商	采购商
平均年销售额			企业主营业务		
100 万元以下	8.6%	12.4%	快消品行业	14.5%	
100 万~499 万元	21.0%	33.3%	电子行业	23.1%	
500 万~999 万元	25.8%	25.3%	装备制造业	15.6%	
1000 万~4999 万元	22.0%	18.3%	服装行业	9.7%	
5000 万~10000 万元	17.7%	9.1%	汽车制造业	19.9%	
10000 万元以上	4.8%	1.6%	其他	17.2%	
合作年限			企业性质		
1 年以下	16.1%		国有企业	30.6%	21.0%
1~4 年	47.8%		私营企业	44.1%	48.4%
5~10 年	24.7%		三资企业	18.3%	22.0%
10 年以上	11.4%		其他	7.0%	8.6%

（二）变量测量

根据上述研究假设，本章的自变量为品牌导向与创新资产协同和品牌导向与顾客资产协同，采用"B2B 品牌导向×创新资产"和"B2B 品牌导向×顾客资产"反映上述两个自变量。其中，本章综合借鉴 Wong 和 Merrilees（2007）的量表，采用 4 个题项对 B2B 品牌导向进行测量；创新资产和顾客资产综合借鉴 Fang 等（2011）的量表，其中创新资产采用 5 个题项进行测量，顾客资产采用 4 个题项进行测量。采购商参与行为和采购商公民行为主要参考 Yi 和 Gong（2013）的研究，其中采购商参与行为从信息搜寻、信息分享、责任行为和个人互动等方面出发，设计了 6 个题项的量表；采购商公民行为包含反馈、宣传、帮助和忍耐四个方面的问题，共由 6 个题项构成。B2B 品牌绩效测量题项对张婧和邓卉（2013）的量表进行适当修订形成。网络化能力借鉴和参考 Mitrega 等（2012）的量表，共由 5 个题项组成。

（三）信度与效度检验

信度分析结果如表7-2所示，从表中可以看出，概念模型中所有变量的 α 值和 CR 值均大于 0.8，表明本研究的测量工具达到较高的信度水平。

表 7-2 测量量表的信度检验

测量变量	α 值	CR	均值	标准差	问项数
品牌导向	0.814	0.822	4.281	1.113	4
创新资产	0.873	0.874	4.290	1.107	5
顾客资产	0.854	0.855	4.430	1.128	4
采购商参与行为	0.862	0.865	4.145	1.088	6
采购商公民行为	0.897	0.898	4.068	1.032	6
品牌绩效	0.866	0.869	4.224	0.846	5
网络化能力	0.878	0.882	4.369	0.946	5

本章采用 AMOS 软件构建测量模型，将数据代入模型中，数据运行结果显示该模型拟合度为：$\chi^2/df = 1.629$，$P = 0.003$，$GFI = 0.928$，$AGFI = 0.894$，$CFI = 0.970$，$NFI = 0.927$，$TLI = 0.963$，$RMSEA = 0.058$。上述指标数值均达到判定拟合度达标的标准，因此可以判定测量模型与数据具有较好的拟合度，适合进一步做验证性因子分析。通过测量模型的验证性因子分析得出每个问项的标准化因子载荷，结果显示所有问项的因子载荷均大于 0.5，同时测量变量的平均方差萃取值（AVE）也都大于 0.5，该结果表明测量量表具有较好的收敛效度。具体分析结果如表 7-3 所示。

表 7-3 测量量表的收敛效度检验

测量变量		测量问项	标准化因子载荷	AVE
品牌导向	BR₁	品牌化渗透到了我们的战略活动中	0.766	0.538
	BR₂	长期的品牌计划是我们未来成功的关键	0.809	
	BR₃	品牌已经成为我们企业的重要资产	0.667	
	BR₄	企业里的员工都将产品或服务品牌化视为企业的优先目标	0.681	

续表

测量变量		测量问项	标准化因子载荷	AVE
创新资产	IA₁	我们掌握了关于新技术的知识	0.762	0.582
	IA₂	我们具备技术创新的经验	0.805	
	IA₃	我们注重在新产品研发中进行投入	0.783	
	IA₄	我们拥有较多专利技术	0.662	
	IA₅	我们发展出系统的创新组合	0.793	
顾客资产	CA₁	我们积累了丰富的顾客知识	0.786	0.596
	CA₂	我们能通过不同途径获取新顾客	0.804	
	CA₃	我们能够与现有顾客建立紧密联系	0.715	
	CA₄	我们拥有接触顾客的完善渠道	0.781	
采购商参与行为	CPB₁	我们主动向该供应商询问合作过程中的相关问题	0.698	0.518
	CPB₂	我们在交易过程中主动向该供应商提供必要的信息	0.756	
	CPB₃	我们会花时间与该供应商就交易需求进行沟通	0.725	
	CPB₄	我们在交易过程中承担了自己的责任	0.714	
	CPB₅	我们在交易过程中完成了供应商期待我们完成的任务	0.806	
	CPB₆	我们对该供应商非常友善	0.603	
采购商公民行为	CCB₁	如果有改善产品或服务的想法,我们会告诉该供应商	0.747	0.596
	CCB₂	当我们遇到问题,我们会告诉该供应商	0.755	
	CCB₃	我们会将该供应商及其品牌推荐给其他采购商	0.767	
	CCB₄	当拥有良好的采购体验时,我们会乐于分享	0.750	
	CCB₅	如果该供应商的其他采购商需要帮助时,我们会帮助他们	0.761	
	CCB₆	如果该供应商产品或服务没有达到预期,我们会耐心等待其进行改善	0.846	
品牌绩效	BP₁	我们通过广告或促销在市场上建立了理想的品牌形象	0.803	0.573
	BP₂	我们已经在目标市场上建立了很高的品牌知名度	0.822	
	BP₃	我们已经建立了卓越的品牌声誉	0.745	
	BP₄	我们非常满意自己的品牌推广效果	0.610	
	BP₅	我们已经获得了顾客高度的品牌忠诚度	0.787	
网络化能力	NC₁	我们与合作伙伴形成了亲密牢固的关系	0.831	0.601
	NC₂	我们经常与合作伙伴沟通交流	0.854	
	NC₃	我们会采取积极有效的协调活动对已建立起来的关系进行维护	0.813	
	NC₄	我们的合作伙伴对我们很信任	0.748	
	NC₅	我们的合作伙伴总是愿意在我们需要帮助时提供支持	0.605	

本章采用各变量间的 Pearson 相关系数与各变量的 AVE 值平方根进行比较，实现对判别效度的检验。结果如表 7-4 所示，对角线加粗字体为各变量 AVE 值的平方根，通过该表可以看出各变量 AVE 值的平方根均大于其所在行与列各变量相关系数的绝对值，由此可以判定测量量表具有较好的判别效度，即各变量间具有较好的差异性。

表 7-4　测量量表的判别效度检验

测量变量	1	2	3	4	5	6	7
品牌导向	**0.733**						
创新资产	0.07	**0.763**					
顾客资产	-0.002	0.061	**0.772**				
采购商参与行为	0.234**	0.267**	0.196**	**0.720**			
采购商公民行为	-0.092	0.197**	0.269**	0.183*	**0.772**		
品牌绩效	0.268**	0.185*	0.131	0.486**	0.444**	**0.757**	
网络化能力	0.289**	0.115	-0.047	0.078	-0.040	0.098	**0.775**

注：* 表示 $p<0.05$，** 表示 $p<0.01$；加粗字体为各变量 AVE 值的平方根。

（四）假设检验

1. 结构方程模型路径检验

本章首先借助 AMOS 统计软件构建结构方程模型后，将问卷数据代入方程中，得出三类指标的具体数值，结果如表 7-5 所示。在该表中，三类指标的数值均满足评价标准值，说明本章架构的概念模型与所收集的样本数据之间具有较高的匹配度，可以采用数据样本实证检验变量间的假设关系。

表 7-5　理论模型的拟合优度指标

指标		数值	评价标准	指标		数值	评价标准
绝对拟合度	χ^2/df	1.329	<2.0	相对拟合度	CFI	0.944	>0.9
	p	0.000	<0.05		TLI	0.939	>0.9
	RMSEA	0.042	<0.08	简约拟合度	PGFI	0.721	>0.5
	GFI	0.842	>0.8		PNFI	0.738	>0.5

结构方程模型路径系数分析结果如图 7-2 所示。该结果表明：①B2B 品牌导向与创新资产协同对采购商参与行为具有显著正向影响，具体而言，B2B 品牌导向与创新资产协同对采购商参与行为的路径系数为 0.288（t＝4.007，p<0.001），B2B 品牌导向与创新资产协同对采购商公民行为的影响不显著，其路径系数为 -0.123（t＝-1.709，p＝0.088）；②B2B 品牌导向与顾客资产协同对采购商参与行为和采购商公民行为均具有显著正向影响，具体而言，B2B 品牌导向与顾客资产协同对采购商参与行为的路径系数为 0.172（t＝2.491，p<0.05），对采购商公民行为的路径系数为 0.281（t＝3.843，p<0.001）；③两类采购商价值共创行为的变量均显著正向影响供应商 B2B 品牌绩效，采购商参与行为对供应商 B2B 品牌绩效的路径系数为 0.491（t＝5.841，p<0.001），采购商公民行为对供应商 B2B 品牌绩效的路径系数为 0.438（t＝5.685，p<0.001）；④从标准化路径系数来看，在影响采购商价值共创行为的因素中，B2B 品牌导向与创新资产协同对采购商参与行为具有正向影响，但对采购商公民行为的影响不显著；B2B 品牌导向与顾客资产协同对两类采购商价值共创行为均有正向影响，从标准化路径系数比较看，对采购商参与行为的作用略低于对采购商公民行为的作用。

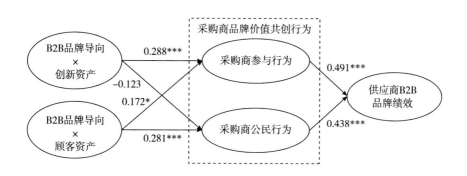

图 7-2 本章标准路径模型

注：＊表示 p<0.05；＊＊＊表示 p<0.001。

2. 网络化能力的调节效应检验

本章采用多元回归分析对供应商网络化能力的调节效应进行检验，以识别出

B2B 品牌导向与采购商价值共创行为之间关系的边界条件。在进行调节效应回归之前，根据数据统计分析的需要对各个测量变量进行处理：首先，将自变量（B2B 品牌导向×创新资产、B2B 品牌导向×顾客资产）、中间变量（采购商参与行为、采购商公民行为）、调节变量（供应商网络化能力）的分值进行中心化处理。其次，在控制变量方面，需要对所处行业和供应商企业性质两个类别变量进行虚拟变量处理，具体方法为以"快消品"为基准变量生成 5 个虚拟变量，虚拟变量 1 为快消品行业与汽车行业对比，标注为"快消品 & 汽车"；同理，虚拟变量 2 标注为"快消品 & 服装"，虚拟变量 3 标注为"快消品 & 装备"，虚拟变量 4 标注为"快消品 & 电子"，虚拟变量 5 标注为"快消品 & 其他"；在企业性质方面，以"国有企业"为基准产生 3 个虚拟变量，企业性质 1 为"国有企业 & 私营企业"，企业性质 2 为"国有企业 & 三资企业"，企业性质 3 为"国有企业 & 其他"。

在对上述变量按照相关要求处理后，本研究选择方差膨胀因子（VIF）和容忍度（Tolerance）两个指标检验变量可能存在的多重共线性，结果显示，所有变量的 VIF 值最大为 4.881，容忍度均大于 0.205 且小于 1，表明本研究模型中变量间的多重共线性现象处于该范围内，适合运用于回归分析对研究中的假设关系进行检验。

在表 7-6 中，模型 1 是将企业员工人数、企业年平均销售额、所处行业和企业性质 4 个控制变量、B2B 品牌导向×创新资产以及调节变量供应商网络化能力纳入回归方程，将采购商参与行为作为因变量，构建多元回归分析的基准模型；模型 2 在模型 1 的基础上加入"B2B 品牌导向×创新资产"与网络化能力的乘积项，对采购商参与行为进行回归；模型 3 是将控制变量、B2B 品牌导向×创新资产以及调节变量供应商网络化能力纳入回归方程，将采购商公民行为作为因变量，模型 4 在模型 3 的基础上加入"B2B 品牌导向×创新资产"与网络化能力的乘积项，对采购商公民行为进行回归。结果显示，模型 2 中交互项"B2B 品牌导向×创新资产×网络化能力"的回归系数显著（$\beta = 0.162$，$p < 0.05$），与模型 1 相比，模型 2 的 R^2 显著增加 0.023（$p < 0.05$），表明网络化能力正向调节了 B2B 品牌导向与创新资产协同对采购商参与行为的影响；模型 4 中交互项"B2B 品牌导向×创新资产×网络化能力"与采购商公民行为呈现正相关关系，但不显著（$\beta =$

0.090，p＝0.706），与模型3相比，模型4的R^2增加了0.007，不具有统计学上的显著意义，表明网络化能力对B2B品牌导向与创新资产协同对采购商公民行为影响的调节效应不显著。由此可知，H7通过实证检验，H8未得到数据支持。

在进一步验证网络化能力对B2B品牌导向与顾客资产协同对采购商共创价值行为的影响，本研究遵循上述研究步骤。具体而言，模型5是将控制变量、B2B品牌导向×顾客资产以及调节变量网络化能力纳入回归方程，将采购商参与行为作为因变量，模型6在模型5的基础上加入"B2B品牌导向×顾客资产"与网络化能力的乘积项，对采购商参与行为进行回归；模型7是将控制变量、B2B品牌导向×顾客资产以及调节变量网络化能力纳入回归方程，将采购商公民行为作为因变量，模型8在模型7的基础上加入"B2B品牌导向×顾客资产"与网络化能力的乘积项，对采购商公民行为进行回归。结果显示，模型6中交互项"品牌导向×顾客资产×网络化能力"的回归系数显著（$\beta=0.268$，p<0.001），与模型5相比，模型6的R^2显著增加0.067（p<0.001），表明网络化能力正向调节了品牌导向与顾客资产协同对采购商参与行为的影响；模型8中交互项"B2B品牌导向×顾客资产×网络化能力"与采购商公民行为呈现显著正相关关系（$\beta=0.220$，p<0.01），与模型7相比，模型8的R^2显示增加0.045（p<0.01），表明网络化能力正向调节了B2B品牌导向与顾客资产协同对采购商公民行为的影响。由此可知，H9与H10都得到数据支持。

表7-6　供应商网络化能力的调节效应检验

	因变量							
	采购商参与行为		采购商公民行为		采购商参与行为		采购商公民行为	
	模型1	模型2	模型3	模型4	模型5	模型6	模型7	模型8
控制变量								
企业员工人数	-0.088	-0.082	-0.088	-0.084	-0.083	-0.138	-0.077	-0.121
年平均销售额	0.088	0.067	0.142	0.131	0.060	0.045	0.130	0.118
行业$_1$	-0.124	-0.101	0.082	0.094	-0.139	-0.119	0.050	0.067
行业$_2$	-0.141	-0.140	-0.120	-0.120	-0.122	-0.106	-0.158	-0.145
行业$_3$	0.056	0.068	0.132	0.139	0.035	0.023	0.118	0.108
行业$_4$	0.055	0.060	0.002	0.005	0.017	0.040	-0.024	-0.005

	因变量							
	采购商参与行为		采购商公民行为		采购商参与行为		采购商公民行为	
	模型 1	模型 2	模型 3	模型 4	模型 5	模型 6	模型 7	模型 8
行业$_5$	-0.019	-0.029	0.080	0.074	-0.072	-0.048	0.026	0.046
企业性质$_1$	-0.092	-0.141	0.040	0.013	-0.210	-0.235	0.062	0.042
企业性质$_2$	-0.022	-0.086	0.083	0.048	-0.146	-0.157	0.105	0.096
企业性质$_3$	-0.012	-0.063	-0.022	-0.051	-0.050	-0.057	0.019	0.014
解释变量								
B2B 品牌导向×创新资产	0.302***	0.293***	-0.043	-0.048				
B2B 品牌导向×顾客资产					0.264***	0.234**	0.020**	0.175*
网络化能力	0.098	0.087	0.033	-0.039	0.120	0.104	-0.002	-0.016
交互项								
B2B 品牌导向×创新资产×网络化能力		0.162*		0.090				
B2B 品牌导向×顾客资产×网络化能力						0.268***		0.220**
模型统计量								
容忍度	≥0.212	≥0.205	≥0.212	≥0.205	≥0.222	≥0.222	≥0.222	≥0.222
VIF 值	≤4.707	≤4.881	≤4.707	≤4.881	≤4.504	≤4.506	≤4.504	≤4.506
R^2	0.135	0.157	0.097	0.105	0.116	0.182	0.133	0.178
调整后的 R^2	0.074	0.094	0.035	0.037	0.054	0.121	0.072	0.115
ΔR^2		0.023*		0.007		0.067***		0.045**
F	2.227*	2.486**	1.553	1.545	1.883*	2.951**	2.202*	2.855**

注: * 表示 $p<0.05$; ** 表示 $p<0.01$; *** 表示 $p<0.001$。

四、研究结论

(一) 研究发现

本章以本土 B2B 供应商企业为研究对象,结合资源基础理论和价值共创理论的观点,探讨 B2B 品牌导向与市场资产的协同效应以及 B2B 品牌导向作用于品牌绩效的内在机制,有效地揭示了品牌导向作用于品牌绩效的具体中间过程,并进一步关注网络化能力的调节影响。研究结果表明:

第一,B2B 品牌导向与创新资产协同推动采购商参与行为,原因在于供应商 B2B 品牌战略上的创新能力降低了采购商的品牌感知风险,使采购商更加愿意进行信息共享和互动等参与行为;但 B2B 品牌导向与创新资产协同对采购商公民行为影响不显著,原因可能是品牌创新所进行的专用性投资导致采购商形成投机主义,对品牌承诺程度较低,公民行为意愿不强烈。

第二,B2B 品牌导向与顾客资产协同促使采购商积极地采取参与行为和公民行为,原因在于供应商在实施品牌导向时所拥有的顾客资产,会为采购商带来拓展市场渠道、形成顾客资源等方面的优势,出于“搭便车”的心理,采购商对该品牌的参与行为和公民行为都有所增强。

第三,采购商参与行为和公民行为有助于提升供应商的品牌绩效,表明采购商的品牌价值共创行为能够提高供应商的既得利益,因此影响 B2B 品牌在产业市场中的绩效表现。

第四,本章证实了网络化能力正向调节了 B2B 品牌导向与创新资产协同对采购商参与行为的影响,表明随着网络化能力增强,供应商 B2B 品牌导向与创新资产协同对采购商参与行为的影响更显著;但研究发现网络化能力在 B2B 品牌导向与创新资产协同影响采购商公民行为关系中的调节效应不显著,可能的原因在于 B2B 品牌导向与创新资产协同对采购商公民行为本身就不具备吸引力,因此无论网络化能力如何变化,B2B 品牌导向与创新资产协同对采购商公民行为都具有一定稳定性。

第五,网络化能力正向调节 B2B 品牌导向与顾客资产协同对采购商参与行为和公民行为的影响,表明随着网络化能力增强,供应商 B2B 品牌导向与顾客资产协同对采购商品牌价值共创行为影响更显著。

(二)研究价值与建议

首先,本章从资源基础观的视角反映企业资产与 B2B 品牌导向的协同效应,深化了 B2B 品牌导向发挥作用的认识。其次，本研究以价值共创理论为切入点，通过构建和验证 B2B 品牌导向与企业资产协同作用于采购商品牌价值共创行为，进而影响品牌绩效的理论模型，有助于揭示供应商通过发挥 B2B 品牌导向与企业资产的协同作用，创造和传递 B2B 品牌价值的内在逻辑。最后，本研究进一步检验了网络化能力的调节效应，明确 B2B 品牌导向发挥作用的边界条件。

本章的管理启示在于：第一，供应商应意识到采购商品牌价值共创行为在 B2B 品牌导向转化为品牌绩效过程中的关键作用。价值共创强调让客户参与到企业的价值创造中来，当今产业化竞争越来越激烈，如果缺少客户参与价值共创，企业将难以产生 B2B 品牌价值。因此，采购商的两类品牌价值共创行为不仅能够有效提升品牌绩效，同时也有助于品牌导向的实施。第二，供应商应重视不同类型 B2B 品牌导向对采购商品牌价值共创行为的影响。根据企业自身资源情况对品牌战略活动进行投入，合理的选择应当基于创新资产还是基于顾客资产，通过实施品牌战略导向有效推动采购商采取价值共创行为。尤其是当企业拥有较多顾客资产并实施 B2B 品牌导向时，更有助于提高采购商进行价值共创的积极性。第三，供应商应充分考虑网络化能力的影响。网络化能力对不同类型 B2B 品牌导向与采购商价值共创行为的调节效应不相同，要有针对性地对不同类型 B2B 品牌导向进行选择，从而推动采购商价值共创行为的产生。

第八章　关系治理视角下的 B2B 品牌导向与市场绩效

供应商 B2B 品牌导向能否转化为企业卓越的市场表现，在现有研究中并未形成统一的认识。本章以关系治理作为研究切入点，将采购商面对供应商 B2B 品牌导向时的关系治理行为划分为共同制订计划和共同解决问题两类，探讨采供关系在 B2B 品牌导向与市场绩效间的作用，同时验证数字化转型对 B2B 品牌导向与采购商关系治理的调节效应。构建该研究模型，一方面借鉴了采供关系是产业营销主流的观点，从关系视角检验供应商 B2B 品牌导向对企业成长的促进作用；另一方面将供应商 B2B 品牌导向与企业具体能力相结合，把握供应商提高采购商合作意愿，进而提升企业绩效的规律。

一、理论基础

（一）采购商关系治理

关系治理以企业间相互信任和承诺为基础，强调通过社会互动和共同努力推动、维持长期双边关系的发展（Dong et al.，2017）。现有研究从三个视角出发对关系治理的表现及内涵进行解读：第一种视角是以交易成本理论为基础的经济学视角，该视角关注如何通过最小化交易成本和控制机会主义行为，保护交易关系中的专用性投资（Shahzad et al.，2018），也就是说，关系治理仍然是经济手段所主导，交易双方基于声誉机制进行博弈的算计性合作（陈灿，2012）；第二种视角是社会视角，部分学者认为关系治理反映了相互独立企业之间的共同价值观和社会规范，其发挥作用的过程体现了"协调机制"及信息与资源的共享（李敏等，2018），目的是提高企业间的信任与合作，并能防范正式规则条款缺失的潜在风险（Goo et al.，2009）；第三种视角是对上述两种观点的整合，该观点认为企业经济行为与其所处的社会网络密不可分，因此应当关注关系治理的社会互动在经济活动中的作用，并从内部规范和外部行为两个层面对关系治理展开研究（Qi & Chau，2012）。

供应商 B2B 品牌导向的推行本质上是一个动态、社会建构的过程（Iglesias et al.，2020），受到内外部利益相关方的共同影响，其中最重要的影响源就是采购商。当供应商以 B2B 品牌为载体获取优势而形成战略架构时，既能通过品牌价值传递为采购商提供既得利益，也会对采购商产生锁定情境，降低采购商的议价能力和获利能力（Narasimhan et al.，2009），因此采购商为了降低潜在风险，会通过直接或间接行为参与供应商的 B2B 品牌建设（Törmälä & Gyrd-Jones，2017），以确定双方在品牌关系中建立联合行动的程度。这种由采购商发起的用于对品牌关系进行管理和控制的手段，依赖于增进双方沟通、信任和依赖的个人化或社会化机制来实现，其目的是提升双方共有价值（Rajamma et al.，2011），因此属于关系治理中社会视角的研究范畴。

借鉴社会视角的研究观点，学者们侧重从共同行动的角度出发，将供应商与采购商之间的关系治理行为划分为共同制订计划和共同解决问题两种类型（Claro et al.，2003）。共同制订计划是指企业之间针对未来可能发生的事情及其后果提前进行讨论，并做出明确的安排；共同解决问题是指企业之间针对合作过程中出现且引起争议的事件进行协商，有效解决分歧（丰超等，2018）。该领域的文献首先关注了两类联合行动的区别：在行动方式上，共同制订计划是发生在交易双方开展合作之前，属于前摄性行为，而共同解决问题则是在出现问题后采取相应的办法加以解决，属于被动性行为（姜翰等，2008）；在行动效果方面，两类联合行动被证实了在采供关系中的效用存在差异，具体而言，采购商的共同制订计划对供应商绩效有正向影响，而共同解决问题能够显著增强采购商对双方关系的承诺（Cai et al.，2009）。然而，更多学者将两类联合行动视为关系治理的核心，检验 B2B 关系中交易双方如何通过社会互动发展信任和承诺，进而满足双方利益的过程。例如，从服务主导逻辑导向出发，共同制订计划和共同解决问题反映为采供双方间的价值共创活动，并最终有助于提升顾客价值感知（张婧和何勇，2014）；从关系营销导向出发，共同制订计划与共同解决问题作为关系治理的具体行为表现，在降低对方机会主义过程中发挥关键作用（Dong et al.，2017）。基于此，本章将共同制订计划和共同解决问题视为采购商用来应对供应商战略导向的关系治理行为。

（二）数字化转型

随着连通性的日益增长和信息技术的普及，数字技术正在改变企业向客户提供产品和服务的本质。从技术应用层面出发，数字化被认为是围绕数字通信和媒体基础设施，实现对社会生活多个不同领域的构建（Niemand et al.，2021）；池毛毛等（2020）提出对企业数字化的分析应该从数字化为商业发展提供的潜在优势出发，考察企业掌握和应用数字化技术与能力的动态转型过程。从数字化转型过程的作用看，一部分学者的实证研究发现企业向数字化转型能够推动信息管理、业务流程、生产方式等的重组变革（Ritter & Pedersen，2020）；另一部分学者则从组织变革视角出发，将企业数字化转型视为利用数字技术与能力驱动企业产品、服务和流程变革的过程（池毛毛等，2020），并验证了数字化转型与企业战略、绩效之间的匹配效应（胡青，2020），这是因为企业在实施数字化转型过程中通常会在技术、产品和市场反应等方面存在较大的不确定性和模糊性，因此关注数字化转型对企业竞争优势来源的影响具有更大的理论意义和实践价值（陈冬梅等，2020）。与后面一种观点相一致，现有产业管理文献认为在产业市场中，数字化转型更多发挥调节作用而非直接影响（Niemand et al.，2021）。因此，本章借鉴上述观点，将数字化转型视为影响供应商品牌导向效用的调节变量。

二、假设推演

（一）B2B 品牌导向对市场绩效的影响

品牌导向是以市场导向为依据的基于品牌的战略，在市场导向聚焦于满足顾客需求的基础上，品牌导向进一步关注如何构建品牌识别和传递品牌价值以符合市场目标的需要（Urde et al., 2013）。在产业市场中，B2B 品牌导向同样被视为市场导向的延伸和扩展，实施 B2B 品牌导向战略的供应商倾向于更积极地投入资源获取以品牌为载体的竞争优势（黄磊和吴朝彦，2017），但与消费者市场不同的是，B2B 市场中采购商购买的目的是投入再生产并实现盈利，因此包含功能、属性特征等产品信息的 B2B 品牌能有效增强采购商制定购买决策的信心（严子淳等，2016）。已有研究证实，B2B 品牌能提高采购商的购买意愿和推荐意愿，尤其当 B2B 品牌能有效降低采购商购买决策风险以及能提升采购商企业形象时，采购商的持续购买行为也能为供应商带来更高的经济回报（Glynn，2012）。

具体而言，供应商 B2B 品牌导向通过两条路径作用于供应商的市场绩效。一方面，有效的 B2B 品牌导向能够遵循 B2B2C（Business-to-Business-to-Customer）的价值传递路径，不仅影响采购商对产品质量的判断和评价，也能作用于消费者对终端产品的购买意愿，这意味着添加了 B2B 品牌的终端产品可以帮助采购商吸引消费者以增加竞争优势（卢宏亮等，2016），在提升采购商对供应商关系价值感知的同时，也进一步加强采购商对供应商的交易依赖（李桂华和黄磊，2014）；另一方面，B2B 品牌导向能发挥信息传递的作用，即供应商围绕 B2B 品牌战略进行投入，既是对自身产品质量的承诺和保障，也是为了在决策过程复杂的采购环境中，降低采购商评估供应商的信息成本和购买风险（Brown et al.，2012），因此供应商的 B2B 品牌导向能赋予其产品更高的综合属性，有助于提高采购商与供应商持续交易的意愿，甚至通过口碑传播扩大该供应商 B2B

品牌的市场影响力。

基于此，本章提出以下假设：

H1：供应商 B2B 品牌导向对市场绩效具有正向影响。

（二）采购商关系治理的中介效应

随着服务主导逻辑的提出，产业市场中不断涌现出采购商参与供应商产品和服务开发的现实需求，以品牌为导向的供应商倾向于将采购商活动纳入其品牌共建的过程（张婧和何勇，2014）。具体而言，供应商通过与采购商共同制订计划能够明确双方在品牌建设中的角色和定位，以评估自身营销努力和资源投入的程度，同时避免采购商在共创和获取品牌价值过程中可能出现的诸如机会主义、锁定效应等风险（董言和李桂华，2018）；而通过共同解决问题的合作，则有助于供应商在出现争端、合作失败和其他意料之外情形时寻求采供双方都满意的解决方案（Chang et al.，2018），增强供应商品牌导向效用实现的可能性。

战略导向领域的研究表明，作为企业经营理念的反映，战略导向需要通过引导行为创造经济租金（Ngo & O'Cass，2014）。具体到品牌导向中，与采购商形成良好互动关系已被证实是供应商实施品牌导向的重要途径，因此采供双方之间的联合行动方式及程度构成供应商品牌价值得以实现的关键（Leek & Christodoulides，2012）。Adams 和 Graham（2016）认为，供应商的非契约式行为有助于促进跨越企业边界的合作，尤其在产业市场情境中，单方面行动会很大程度影响对方的行为判断和选择，因此信息分享、联合规划、明确权责等灵活开放的合作行为不仅能提升供应商与采购商价值共创活动的效果，成为供应商品牌导向得以有效实施并提高市场回报率的关键，也有助于采购商从功能和情感两方面获取关于供应商品牌的关系价值感知，帮助供应商从采购商获得更高的经济回报（严子淳等，2016）。同时，供应商也会考虑品牌导向实施过程中面临的潜在威胁和风险，而提高共同解决问题的开展程度可以保证自身有能力依托品牌载体达成满意的顾客价值协同系统（丰超等，2018）。当供应商与采购商在价值分配中形成竞争关系时，联合求解的合作行为既可以确保供应商品牌导向获利的稳定性，也能推动双方在交易过程中实现共赢。此外，由于供应商品牌导向涉及供应商与采购商之间开展的复杂活动，共同解决问题能为化解争端和避免冲突提供解决方案，鼓励采购商通过参与和开发更卓越的品牌价值，提升供应商品牌的市场表现（Chang et al.，2018）。

基于此，本章提出以下假设：

H2：采购商共同制订计划在供应商 B2B 品牌导向与市场绩效间具有中介效应；

H3：采购商共同解决问题在供应商 B2B 品牌导向与市场绩效间具有中介效应。

（三）数字化转型的调节效应

当供应商将数字化转型运用于品牌导向，反映为供应商在品牌战略实施过程中采用大数据、云计算、信息技术服务和社交平台，从技术逻辑层面和生产服务层面重构供应商品牌与采购商的关系（王苗等，2020）。相关研究证实，产业供应商将数字技术叠加于品牌营销时，能从品牌知识传播、资源投入等路径影响采购商的品牌关系（Taiminen & Ranaweera，2019）。

产业营销文献以此为基础，对数字化转型如何影响采供双方互动关系展开有益探索，借鉴这些研究观点与结论可以看出：一方面，供应商数字化转型有助于提高与产业链成员多边信息的交换速率和市场的响应能力（胡青，2020），其结果能从降低采购风险、增加产品价值、提高质量担保等方面为采购商带来品牌增值效应，进而推动采购商以持续获取供应商品牌利益为目的，开展共同参与供应商品牌规划和商讨面临问题的解决方法等行为，因此供应商的数字化转型强化了供应商与采购商在品牌建设中形成的依赖，促使双方开展进一步的联合行动（Ngo & O'Cass，2014）；另一方面，数字化信息共享与数据平台的快速发展，为供应商鼓励采购商从感知品牌向共创品牌转变提供了技术基础（王雪冬等，2020），供应商数字化转型程度越高，越有利于双方便捷地整合和运用品牌专用性资源，同时借助供应商数字化转型成果，供应商与采购商也能及时就品牌管理问题进行互动和反馈（Niemand et al.，2020），进一步提升供应商与采购商共同谋划和参与解决问题的意愿。

基于此，本章提出以下假设：

H4：供应商数字化转型强化 B2B 品牌导向与采供双方共同制订计划的关系；

H5：供应商数字化转型强化 B2B 品牌导向与采供双方共同解决问题的关系。

结合以上关于采供双方联合行动中介效应以及数字化转型调节效应的论述，当把供应商品牌导向放到数字化转型背景下考察时，会发现采供双方联合行动在供应商品牌导向与市场绩效间产生不同的作用效果，在此基础上构建一个有调节的中介模型。具体而言，供应商数字化赋能促进自身形成以品牌为载体的复杂商业关系网络，双方难以制定完整的契约规定各自的责任和义务，这就需要采用联合行动作为关系型治理手段来保证不完全契约的顺利执行（庄贵军和董滨，2020）。因此，高程度的数字化转型有助于促进供应商与采购商开展联合行动参与价值创造和管理价值分配，将特定交易中创造的利益延展到资源共享、问题解决等方面，提高供应商在现有市场中的获利能力（王苗等，2020）；而对于数字化转型程度较低的供应商来说，在品牌导向实施过程中由于数据赋能和信息处理等能力较弱，既可能使供应商缺乏开展联合行动的技术条件，也会降低采购商互动过程中关于可获取利益的感知，从而对建立持续稳定的双方关系形成阻碍，甚至由于缺乏双方协作所需要的共享信息，导致采购商对供应商单方面推动品牌导向产生反对和敌意态度（丰超等，2018），最终削弱供应商品牌的转化价值，市场表现也因此受到负面影响。

基于此，本章提出以下假设：

H6：供应商数字化转型对采供双方共同制订计划在 B2B 品牌导向与市场绩效中的中介作用具有调节作用，即数字化转型程度越高，采供双方共同制订计划在供应商品牌导向与其市场绩效间的中介作用越强，反之越弱；

H7：供应商数字化转型对采供双方共同解决问题在 B2B 品牌导向与市场绩效中的中介作用具有调节作用，即数字化转型程度越高，采供双方共同解决问题在供应商品牌导向与其市场绩效间的中介作用越强，反之越弱。

综上所述，本章的概念模型如图 8-1 所示。

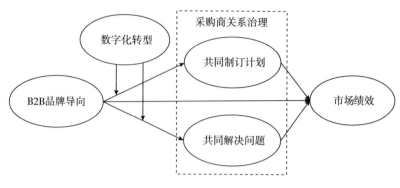

图 8-1　本章概念模型

三、研究设计

（一）样本选择与数据收集

本章以我国产业市场中的供应商作为调研样本，采用问卷调研的方式收集数据。在设计调研样本框时，研究组遵循抽样调研的典型性原则和便利性原则：在典型性方面，充分考虑了各产业在我国省份的重点分布情况，选择具有完整产业链的省份作为调研样本框，包括四川（装备制造/农产品加工）、重庆（汽车制造/摩托车零配件/装备制造）、广东（电子信息/高端装备制造）、浙江（纺织/电子信息）和福建（石油化工/机械制造）等，通过对这些省份的重点产业进行调研，有助于系统把握产业市场中供应商品牌导向对采供关系的影响；在便利性方面，依托以往研究项目开展经验，利用校友资源、个人关系以及曾有过合作经历的管理机构和行业部门发放调研问卷，能够有效降低企业管理人员的拒访率，同时依托人际网络桥接，能够提高被访者填答问卷的准确性。在确定愿意接受调研的供应商样本后，研究组借鉴庄贵军和董滨（2020）的研究设计，首先确认填答者的职务和工作内容，以判别对方准确填写问卷的能力；其次通过问卷明确提示填答者选择一家主要的采购商作为目标对象，回答供应商与采购商联合行动的问题。

调研从 2020 年 9 月下旬开始，持续到同年 11 月下旬结束，在历时 2 个月的调研中通过线上方式回收问卷 191 份；以当面填答的形式回收纸质版问卷 55 份；对回收的 246 份问卷进行甄别，剔除无效问卷 21 份，保留有效问卷 225 份。本次调研满足以下要求：①样本企业属于产业供应商，其产品或服务用于采购商再次生产，而非终端消费者直接使用；②该样本企业具有实施品牌战略的实践经验，或已经制定清晰的品牌规划；③填答者为企业市场营销部门管理者或主管品牌运营的管理者，熟悉企业品牌规划并了解目标市场及目标顾客情况。调研样本特征如表 8-1 所示。

表 8-1　样本供应商描述性统计（N=225）

企业规模（人）	样本数量（份）	百分比（%）	企业年限（年）	样本数量（份）	百分比（%）
100 以下	31	13.8	5 以下	27	12.0
101~500	91	40.4	5~9	100	44.4
501~1000	81	36.0	10~15	77	34.2
1000 以上	22	9.8	15 以上	21	9.3
行业类别	样本数量（份）	百分比（%）	所在地区	样本数量（份）	百分比（%）
装备制造	41	18.2	广东	34	15.1
石油化工	25	11.1	重庆	78	34.7
电子通信	65	28.9	四川	36	16.0
纺织	31	13.8	浙江	30	13.3
汽车制造	46	20.4	福建	27	12.0
其他行业	17	7.6	其他地区	20	8.9

注："行业类别"和"所在地区"中占比 10% 以下的企业不做单独统计，归纳为"其他行业"和"其他地区"。

（二）变量测量

供应商 B2B 品牌导向的测量参考张婧和邓卉（2013）的研究，用反映品牌战略在供应商竞争中的作用和程度等 4 个题项进行测量；共同制订计划和共同解决问题，以 Claro 等（2003）、庄贵军和董滨（2020）的测量量表为基础进行改编，两个测量变量均包括 4 个题项；市场绩效借鉴 Ngo 和 O'Cass（2014）的测量题项，邀请受访者对公司销售额、市场份额、盈利能力和综合市场地位表现等方面进行评价；在本章中，数字化转型主要反映为产业供应商利用数字化技术对业务进行转变的态度和行动，问项设计综合借鉴池毛毛等（2020）和胡青（2020）关于企业数字化转型的测量量表，采用 3 个题项进行提问。本章选取企业规模、企业年限和所处行业这 3 个可能影响分析结果的变量进行控制，其中企业规模采用企业员工总人数来反映；企业年限以企业成立至今的具体年限进行测量；行业类别则请被访者回答企业所在行业类型。除控制变量外，本研究问项均采用 Likert 7 级量表进行测度，1 为完全不同意，7 为完全同意。具体量表内容如表 8-2 所示。

表 8-2　量表信度与收敛效度检验结果

潜变量	观测变量	因子载荷	CR	α 值	AVE
B2B 品牌导向	品牌化渗透到了我们的战略活动中	0.841	0.900	0.852	0.692
	长期的品牌计划是我们未来成功的关键	0.828			
	品牌成为我们的重要资产	0.852			
	企业里的员工都将产品或服务品牌化视为企业的优先目标	0.806			
共同制订计划	我们和该采购商互相通报生产和需求预测	0.860	0.903	0.856	0.699
	我们和该采购商制订了未来一段时期的合作计划	0.809			
	我们在进行业务调整时会跟该采购商进行商讨	0.825			
	我们会邀请该采购商参与我们下一步业务发展的讨论	0.850			
共同解决问题	假如合作出现问题，我们和该采购商一起确定合适的解决方案	0.771	0.889	0.833	0.667
	假如合作出现问题，我们和该采购商按照相互谅解的原则解决	0.849			
	假如合作出现问题，我们和该采购商会共同承担责任处理问题	0.796			
	假如合作出现问题，我们和该采购商仍致力于维持长期关系	0.847			
市场绩效	我们的销售额表现很好	0.827	0.896	0.843	0.682
	我们的市场份额表现很好	0.853			
	我们的盈利能力表现很好	0.784			
	我们的综合市场地位表现很好	0.838			
数字化转型	我们利用数字化技术对现有业务进行改造	0.850	0.891	0.816	0.732
	我们正在整合数字化技术来改变业务流程	0.879			
	我们正投入资源在企业内部推广数字化技术	0.837			

（三）信度与效度检验

本章采用 Cronbach's α 值和组合信度（CR）作为量表信度的评价指标，结果如表 8-2 所示，所有变量的 α 值介于 0.816~0.856，CR 值介于 0.889~0.903，均大于 0.8 的标准值，说明本研究量表的信度达到理想水平。

在量表内容效度方面，本章的变量测量均以现有成熟量表为基础，结合我国供应商品牌管理和采供关系的具体情境进行表述上的调整，初始量表邀请专家小组进行评估并反馈问题，在修改完善后形成正式量表，因此具有较好的内容效度。在量表结构效度方面，本章对量表进行验证性因子分析，结果显示，所有题项的标准化因子载荷和各变量的平均萃取方差（AVE）都大于 0.5 的水平，量表的收敛效度达到可接受水平。最后，运用各测量变量的 AVE 平方根与变量相关系数进行比较，进而评估量表的判别效度，结果如表 8-3 所示，各测量变量的 AVE 平方根均大于其对应行和列的相关系数，说明量表具有较好的判别效度。

表 8-3　测量量表判别效度检验

测量构念	1	2	3	4	5
B2B 品牌导向	**0.832**				
共同制订计划	0.378**	**0.817**			
共同解决问题	0.368**	0.460**	**0.836**		
市场绩效	0.269**	0.404**	0.368**	**0.826**	
数字化转型	-0.023	0.022	-0.077	0.117	**0856**

注：*** 表示 p<0.001，** 表示 p<0.005，* 表示 p<0.01（双尾检验，下同）；加粗字体为潜变量的 AVE 值平方根。

（四）假设检验分析

1. 主效应分析

根据中介效应检验的步骤，本章中供应商品牌导向对市场绩效具有显著影响是中介效应存在的前提。在对主效应进行分析前，通过构建结构方程模型，对数据与概念模型的匹配程度进行检验，其中理论模型的绝对拟合度指标检验结果为：$\chi^2/df = 1.733$，GFI = 0.965，RMSEA = 0.057；为弥补绝对拟合指标的不足，本研究还采用相对拟合指标和简约拟合指标对数据与模型的匹配程度进行检验，相对拟合指标结果为：TLI = 0.973，CFI = 0.982；简约拟合指标结果为：PGFI = 0.509，PNFI = 0.650。从路径系数看，供应商品牌导向对市场绩效具有显著正向影响，路径系数为 0.270，CR 为 3.945，因此 H1 通过假设检验。

2. 采购商关系治理的中介效应检验

在上述关系得到证实的基础上，用结构方程模型对采购商关系治理的中介效应进行检验。中介模型主要拟合度指标为：$\chi^2/df = 1.846$，GFI = 0.914，RMSEA = 0.061，TLI = 0.939，CFI = 0.950，PGFI = 0.659，PNFI = 0.734。在各项拟合度指标达到要求的基础上，路径系数分析结果如表 8-4 所示：供应商 B2B 品牌导向对市场绩效的影响不显著（$\beta = 0.071$，$p > 0.05$）；供应商 B2B 品牌导向对采供双方共同制订计划（$\beta = 0.425$，$p < 0.001$）和共同解决问题（$\beta = 0.338$，$p < 0.001$）具有显著正向影响；采供双方共同制订计划显著正向作用于供应商市场绩效（$\beta = 0.283$，$p < 0.005$），共同解决问题也对市场绩效有显著正向影响（$\beta = 0.271$，$p < 0.01$）。根据中介效应的检验方法判断，共同制订计划和共同解决问题在 B2B 品牌导向与市场绩效间具有完全中介效应，H2 和 H3 均得到数据支持。

表 8-4 中介模型检验结果

路径关系	路径系数	CR（p 值）	检验结果
B2B 品牌导向→市场绩效	0.071	0.951	不显著
B2B 品牌导向→共同制订计划	0.425	5.423（***）	显著
B2B 品牌导向→共同解决问题	0.338	5.148（***）	显著
共同制订计划→市场绩效	0.283	3.227（**）	显著
共同解决问题→市场绩效	0.271	2.449（*）	显著

注：*** 表示 p<0.001，** 表示 p<0.005，* 表示 p<0.01。

为保证中介效应检验的稳健性，本章使用 Prodelin2 程序，依据 Bootstrap 方法对采购商关系治理的多重中介效应做进一步验证。首先采用随机抽取的方法从原有样本（N＝225）中抽取 2000 个 Bootstrap 样本，对生成的估计值进行大小排序，再采用 2.5 百分位数和 97.5 百分位数估计 95% 下中介效应的置信区间，若该区间未包含 0，则可判定中介效应存在。分析结果如表 8-5 所示：共同制订计划的间接效应值为 0.135，95% 的置信区间为 [0.050，0.247]，该区间未包含 0，中介效应存在；共同解决问题的间接效应值为 0.103，95% 的置信区间为 [0.025，0.209]，该区间未包含 0，中介效应也存在；供应商 B2B 品牌导向对市场绩效的总效果显著（$\beta=0.296$，$p<0.001$），但直接效果不显著（$\beta=0.058$，$p>0.05$），表明采供双方联合行动在 B2B 品牌导向与市场绩效间具有完全中介效应，再次证实 H2 和 H3 通过假设检验。

表 8-5　中介效应 Bootstrap 检验

中介效应路径	总效应	直接效应	间接效应	中介效应	
				95%置信区间	效应值
B2B 品牌导向→共同制订计划→市场绩效	0.296***	0.058	0.238**	[0.050，0.247]	0.456×0.295＝0.135
B2B 品牌导向→共同解决问题→市场绩效				[0.025，0.209]	0.361×0.284＝0.103

注：*** 表示 $p<0.001$，** 表示 $p<0.005$。

3. 调节效应检验

为检验数字化转型在 B2B 品牌导向与采供双方联合行动间的调节效应，本章采用多层级回归方法进行测量。在进行中介效应回归之前，为减少控制变量非正态分布的影响，对采购中心规模和潜在供应商数量取自然对数。

首先对 B2B 品牌导向做中心化处理，与数字化转型相乘，得到交互项"B2B 品牌导向×数字化转型"。多重共线性检验结果为 VIF 值 ≤3.439，容忍度 ≥0.291。模型 1 为以共同制订计划作为因变量，包含控制变量和解释变量的主效应模型，模型 2 在模型 1 的基础上加入交互项。结果表明，模型 2 中"B2B 品牌导向×数字化转型"对共同制订计划的影响显著正相关（$\beta = 0.221$，$p<0.001$），R^2 显著增加 0.045（$p<0.001$），表明数字化转型强化了 B2B 品牌导向对采购商共同制订计划的影响，H4 得到证实。同理，模型 3 是以共同解决问题作为因变量的主效应模型，模型 4 在模型 3 的基础上加入交互项。模型 4 中"B2B 品牌导向×数字化转型"对共同解决问题的作用不显著（$\beta = 0.072$，$p = 0.262$），R^2 增加 0.005（$p>0.05$），表明数字化转型对 B2B 品牌导向与采购商共同解决问题关系的强化无显著影响，H5 未能通过检验。具体分析结果如表 8-6 所示。

表 8-6　数字化转型调节效应检验

	模型 1	模型 2	模型 3	模型 4
	共同制订计划		共同解决问题	
控制变量				
企业规模	−0.082	−0.119	−0.012	−0.038
企业年限	−0.019	−0.083	−0.056	−0.069
行业$_1$	0.087	0.106	0.058	0.060
行业$_2$	0.042	0.124	0.037	0.035
行业$_3$	0.059	0.055	0.052	0.055
行业$_4$	0.095	0.030	0.008	0.006
行业$_5$	0.062	0.088	0.061	0.056
解释变量				
B2B 品牌导向	0.378***	0.347***	0.394***	0.384**
数字化转型	−0.050	−0.012	0.033	0.046
交互项				
B2B 品牌导向×数字化转型		0.221***		0.072
模型统计量				
容忍度	≥0.291	≥0.291	≥0.291	≥0.291
VIF 值	≤3.433	≤3.439	≤3.433	≤3.439
R^2	0.237	0.283	0.176	0.181
调整后的 R^2	0.205	0.249	0.142	0.143
ΔR^2		0.045***		0.005
F	7.436***	8.439***	5.117***	4.738**

注：*** 表示 $p<0.001$，** 表示 $p<0.005$。

为进一步检验数字化转型有调节的中介效应，采用有条件的间接效应检验方法，运用 SPSS 的 Process 插件在 95% 的置信区间下抽样 5000 次，结果如表 8-7 所示：在低程度（低于均值 1 个标准差）的数字化转型下，共同制订计划的中介效应为 0.052，置信区间为 [-0.010, 0.120]，该区间包含 0，表明当数字化转型程度较低时，共同制订计划的中介作用不显著，当数字化转型程度处于均值及高于均值 1 个标准差时，共同制订计划的中介效应分别为 0.121 和 0.190，置信区间分别为 [0.059, 0.197] 和 [0.096, 0.304]，调节中介效果的 INDEX 为 0.069，置信区间为 [0.026, 0.131]，该区间未包含 0，证明有调节的中介效应显著，其具体作用为随着供应商数字化转型程度的提高，采供双方共同制订计划在 B2B 品牌导向与其市场绩效关系间的中介效应逐渐显著，H6 得到数据支持；在不同程度的数字化转型下，共同解决问题的中介效应分别为 0.091、0.111、0.132，置信区间不包含 0，三种条件下的中介效应无明显差异，但在有调节的中介效应判断指标上，INDEX 为 0.020，置信区间为 [-0.011, 0.064]，该区间包含 0，证明数字化转型对采供双方共同解决问题中介效应的调节作用未被验证，H7 未能通过检验。

表 8-7　有调节的中介效应检验结果

中介路径	调节变量	效应系数	标准误	95%置信区间	调节中介效果	
					INDEX	95%置信区间
共同制订计划	低值（-1SD）	0.052	0.033	[-0.010, 0.120]	0.069	[0.026, 0.131]
	均值	0.121	0.035	[0.059, 0.197]		
	高值（+1SD）	0.190	0.053	[0.096, 0.304]		
共同解决问题	低值（-1SD）	0.091	0.032	[0.036, 0.160]	0.020	[-0.011, 0.064]
	均值	0.111	0.032	[0.055, 0.180]		
	高值（+1SD）	0.132	0.042	[0.061, 0.224]		

四、研究结论

（一）研究发现

Urde 等（2013）提出品牌导向是一种"曲线救国"（Tortuous）的战略逻辑，只有遵循特定的机制才能推动品牌成为企业成长的驱动力。本章借鉴这一观点，基于关系治理理论引入采供双方联合行动，同时考虑了产业供应商数字化转型的背景和需求，构建以联合行动为中介和以数字化转型为调节的研究模型，探讨产业市场中供应商 B2B 品牌导向如何转化为市场绩效的内在规律。研究结果表明：

（1）供应商 B2B 品牌导向对其市场绩效有显著正向影响。供应商 B2B 品牌导向程度越高，围绕品牌投入的资源就会越丰富，传递品牌价值的能力也越强，其结果不仅提高采购商购买意愿从而增加市场份额，也能从强势品牌的溢价定价中获益。

（2）采供双方共同制订计划和共同解决问题在 B2B 品牌导向与其市场绩效间发挥完全中介作用。这意味着要使产业供应商的 B2B 品牌导向对市场绩效产生积极影响，需要高度关注供应商与采购商开展的联合行动。研究假设证实了采购商共同参与到供应商品牌导向中，能够成为品牌战略价值得以转换的"推进器"（Chang et al.，2020），从而提升供应商的市场绩效。该研究结论弥补了目前学术界主要从供应商"单向投入"或采购商"博弈态度"角度开展研究的不足（Dahlquist & Griffith，2014），从动态、社会建构的采供双方联合行动视角，深化关于供应商如何将 B2B 品牌导向转化为市场绩效本质规律的认识。

（3）供应商的数字化转型强化了共同制订计划在 B2B 品牌导向对市场绩效影响中的中介作用，但对共同解决问题的中介作用无显著影响。具体而言，供应商数字化转型程度越高，越能为供应商与采购商运营方面的计划制订提供结构化信息，明确彼此的行为预期从而提升品牌价值协同共创活动的效果；而采供双方共同解决问题通常是非正式的、个性化的过程（庄贵军和董滨，2020），以推动组织流程重组变革为特征的数字化转型对采供双方人际层面关系的影响有限，因此供应商数字化转型并不能强化共同解决问题在 B2B 品牌导向创造市场绩效过程中的作用。通过检验数字化转型的调节效应，对 B2B 品牌导向与市场绩效关系的外在条件做了进一步探索，在理论上有助于拓展产业市场中 B2B 品牌导向效用的研究边界，也是对企业不同战略行动交互作用的有益探索。

（二）研究的管理启示

本章结论有助于消解产业市场中供应商是否应该实施 B2B 品牌导向的疑问，尤其为供应商在"借力"采购商提升 B2B 品牌导向效用应采取的具体策略提供指导。

1. 将品牌建设提升到战略层面

与直接针对终端顾客的消费品品牌相比，以中间产品、配套零部件和原材料等为载体的产业供应商品牌难以通过传统营销模式来实现市场价值，同时由于产业链延伸的复杂性导致产业供应商品牌建设面临多种关系的制衡。本研究的结论表明，围绕 B2B 品牌构建战略导向有利于供应商提高市场绩效，因此产业供应商应充分认识到塑造强有力的 B2B 品牌不再是简单的产品符号化，而是需要从企业战略高度对品牌进行规划与指导，并以品牌为载体获取持续的竞争优势。

2. 与采购商开展全过程化的联合行动

为了实现供应商品牌导向市场绩效的转化，供应商要致力于与采购商开展联合行动，一致推进 B2B 品牌导向顺利实施。需要注意的是，联合行动并非单次合作所产生的行为，而是要持续互动、贯穿全程。具体而言，共同制订计划属于前摄性行为，而共同解决问题属于被动性行为，供应商应当在双方开展合作前重点以共同制订计划来调整优化品牌战略决策，在产生矛盾和冲突后以共同解决问题来促进问题满意解决的效率，通过两类联合行动将综合促进供应商品牌导向对市场绩效作用的效果。

3. 有针对性地提升数字化转型的效能

虽然数字化转型通过改变企业向顾客提供产品和服务的本质，为企业品牌建设创造新的情境（王苗等，2020），但供应商在利用数字化转型提升 B2B 品牌导向作用于市场绩效的效果时，必须与特定的采供联合行动类型相结合，对数字化资源投入进行充分利用。从研究结论可以看出，较高程度的数字化转型能使 B2B 品牌导向通过促进共同制订计划来提升市场绩效，但对共同解决问题的中介效应并无显著影响，因此供应商应在鼓励采购商参与 B2B 品牌导向计划与任务时，通过积极应用数字化技术和能力，为双方跨越组织边界高效讨论与协商、明确彼此责任和义务提供基础条件，进一步强化共同制订计划在 B2B 品牌导向转化为市场绩效中的作用。

第九章 竞合视角下的 B2B 品牌导向与财务绩效

在对 B2B 品牌导向进行研究时，应该充分考虑采购商对供应商品牌导向的行为反应，将采购商的合作与冲突视为供应商 B2B 品牌导向影响其品牌绩效的重要情境因素。本章依据竞合理论所提供的认识框架，从竞合视角丰富 B2B 品牌导向作用机制的理论认识，在识别 B2B 品牌导向实施的边界条件的基础上，探讨供应商 B2B 品牌导向对其财务绩效的影响，并进一步分析采供双方间的合作与竞争对上述关系的单独与共同调节作用，为充分理解 B2B 品牌导向在采供关系影响下发挥作用的复杂性和多元性提供有力见解。

一、理论基础

由于 B2B 品牌建设具有投入高、风险大、周期长的特征，因此 B2B 供应商品牌化与财务绩效是否具有联系以及如何产生联系成为学术界讨论的核心议题。已有研究大多关注品牌导向的单一效用，并在此基础上探讨品牌导向对财务绩效的影响机制。根据 Urde 等（2013）和 Wallace 等（2013）的观点，理论界应当采用匹配逻辑对品牌导向展开探讨，尤其在 B2B 市场中，供应商品牌导向的实施效果通常与其他组织行为密切相关。

具体而言，由于垂直价值链邻近组织的行为具有复杂的互动性特征，意味着供应商的 B2B 品牌导向实施过程也会伴随着与采购商的合作或竞争等行为，其结果既可能强化供应商与采购商的双向合作共同创造联合品牌价值（张婧和邓卉，2013），也可能由于供应商为了提高议价能力而采取强势的 B2B 品牌管理方法，导致采供双方在品牌价值形成过程中形成竞争关系（Ghosh & John，2009）。Chiambaretto 等（2016）依据竞合理论和品牌治理理论等观点，提出供应商实施 B2B 品牌战略的过程中会形成与采购商的合作、竞争或二者同时并存的关系特征，并将这种现象归纳为竞合品牌（Coopetitive Brand）的范畴。通过对已有相关研究进行梳理发现，在供应商实施 B2B 品牌战略过程中与采购商进行合作时，实质上是一种以价值共创为主导的逻辑，即通过共同创造以采购商品牌为主、供应商品牌为辅的联合价值，使采供双方在不同层级的市场竞争中获取优势；当供应商实施 B2B 品牌战略过程中与采购商相互竞争时，则反映为供应商以提高 B2B 品牌知名度和差异化为手段，迫使采购商购买该 B2B 品牌并从中获取更多利益，其结果会导致采购商的反对和抵制（Dahlquist & Griffith，2014）。根据竞合理论的研究范式，采供双方间的竞合关系对 B2B 品牌导向与财务绩效关系的影响主要表现为调节效应（姜飞飞等，2016），构成理解 B2B 品牌导向如何提升财务表现的关键，也为本章提供了重要的理论依据。

二、B2B 品牌导向与财务绩效的影响

（一）B2B 品牌导向与财务绩效

品牌导向决定了企业在品牌建设过程中投入资源的程度，对于品牌导向型企业而言，财务绩效目标的实现往往是基于品牌化和市场营销相关活动的结果（Gromark & Melin，2011），因此相较于非品牌导向型企业，他们更倾向于以品牌为载体提供信任与承诺、增加企业信誉和市场合法性，通过创造更高品牌价值来

提高顾客支付溢价的意愿（严子淳等，2016）。尽管已有品牌导向与财务绩效关系研究主要在以消费市场为情境，但 B2B 市场环境中的采购商比消费者更依赖品牌来降低购买过程的感知风险，在这个过程中，B2B 品牌导向作为一种市场资源的配置方式，能够在高度同质化的 B2B 市场中帮助供应商形成独特的品牌识别和提高品牌差异化（Wallace et al.，2013），推动采购商根据供应商的 B2B 品牌战略指向做出行为反应，如参与价值共创、保持采供关系、愿意溢价购买等（Glynn，2012），这些行为都有助于供应商通过 B2B 品牌导向改善自身的财务状况（卢宏亮等，2016）。

另外，产业市场中的供应商往往面临着高度不确定的市场环境，这种不确定性缘于采购商与终端消费者两类顾客需求的多元化，其影响体现在增加供应商预料产品设计和生产的困难程度（Worm & Srivastava，2014）。在不可预测和动态变化的环境中，B2B 品牌导向已被证实是企业维持或增加其销售额和利润率的有效策略。供应商实施 B2B 品牌导向有助于使自身在需求不断变化的产业市场环境中建立和维持强势品牌，尽管这样会增加供应商适应性成本，但具有针对性的产品设计和生产也有助于供应商提高自身品牌的市场接受度，成为采购商选择合作伙伴的重要依据甚至形成锁定效应（杨震宁等，2013）。同时，由 B2B 品牌导向指引的资源配置方式，更使得不确定市场环境中的行业竞争者难以模仿和复制，因此可以提升供应商的盈利水平。

基于此，本章提出以下假设：

H1：供应商 B2B 品牌导向对其财务绩效具有正向影响。

（二）合作关系的调节效应

垂直渠道中的企业间合作往往通过对各自的资源、技术和能力进行组合利用，从而获取原有企业单方面难以创造出的价值（张钰等，2017）。在 B2B 品牌管理中，供应商与采购商之间的合作关系通常反映为品牌价值共创，张婧和邓卉（2013）的研究证实了产业市场中采供双方价值共创对品牌绩效具有促进作用。当供应商在实施 B2B 品牌导向过程中与采购商建立合作关系时，不仅能鼓励采购商积极参与到产品研发、生产以及品牌价值传递过程中，提高生产效率并降低营销成本，还能通过合作过程中的专用性资源投入，形成双方稳定的共赢关系（Ghosh & John，2009）。无论是降低生产和营销成本还是共赢关系的维持，都是 B2B 供应商在产业市场中获取更多利润的来源（Mingione & Leoni，2020）。此外，产业市场具有供应商数量有限但采购商采购量大的特征，供应商能依据采购商在终端市场的需求对 B2B 品牌进行定位和调整，赋予 B2B 品牌提升采购商在终端市场竞争力的功能，从而帮助 B2B 供应商在交易谈判过程中占据优势地位，提高采购商溢价购买 B2B 品牌的意愿（卢宏亮等，2016）。

基于此，本章提出以下假设：

H2：合作关系对 B2B 品牌导向与财务绩效的关系起正向调节作用。

（三）竞争关系的调节效应

Dahlquist 和 Griffith（2014）的研究指出，供应商在 B2B 品牌化过程中可能采取与采购商进行竞争的态度和行为，如在市场中通过增加营销投入提高品牌知名度和品牌差异化，目的是在与采购商价值分配的"零和博弈"中占据优势，该过程可以体现为 B2B 品牌导向与竞争关系不同程度的匹配对财务绩效的影响（姜飞飞等，2016）。具体来说，当供应商与采购商之间存在低度竞争时，反映为采供双方更多关注价格谈判与合同细节，而忽视了供应商品牌能为采购商提供的市场渠道、战略位势、进入壁垒和合作成本等潜在利益（Andreini et al.，2016），表明供应商品牌对采购商的吸引力较弱。一方面，根据陆娟和边雅静（2010）的研究结论，当供应商品牌无法展现强势属性时，与采购商品牌之间往往处于不均衡的联合状态，这种联合模式效果最差，导致采供双方品牌都难以获益；另一方面，在供应商的 B2B 品牌化能力无法支撑其与采购商的竞争关系时，这种竞争并非是基于利益共创的竞争，供应商难以通过 B2B 品牌投入获取高额利润回报（Ghosh & John，2009）。随着竞争程度的提高，采供双方出现更多以解决冲突为目的的沟通交流，在唤起采购商对 B2B 品牌属性特征与质量性能认识的同时，也能提高采购商对供应商 B2B 品牌的了解和信任水平，推动采购商通过品牌联合提升 B2B 品牌资产以及终端顾客的购买意愿（Anees-ur-Rehman et al.，2018）。更重要的是，一定程度的竞争为双方带来品牌共建的观点交换，降低机会主义的风险，超越基础层面的产品交易关系从而为双方提供创新动力。由此可知，适当程度的竞争不仅能提高采购商关于供应商 B2B 品牌的态度和购买意愿，也能促使双方形成更好的基于品牌的关系质量，从而有助于供应商 B2B 品牌导向转化为财务绩效。

然而，竞争程度并非越高越好，当采供双方间竞争超过一定程度后，反而会使 B2B 品牌导向对财务绩效的积极作用减弱。Chiambaretto 等（2016）的文献指出，高强度竞争对双方的品牌共识具有破坏性，原因在于强势的 B2B 品牌导向会对采购商产生锁定情境，为避免其议价能力和获利能力降低，高强度竞争情境中的采购商更倾向于对供应商 B2B 品牌采取抵制态度，由于 B2B 品牌导向实施要求供应商跨越供应链多个阶段持续进行成本投入，一旦遭遇采购商的反对和抵制，供应商的潜在利润将会被削弱（董言和李桂华，2018）。此外，紧张的竞争关系会造成采供双方间出现难以调和的矛盾，降低采购商对供应商 B2B 品牌的评价，进而影响关系价值感知和供应商财务绩效（卢宏亮等，2016）。

基于上述分析，本章认为供应商的 B2B 品牌导向与竞争关系匹配对其财务绩效的影响呈现非线性关系。随着二者匹配程度的提升，B2B 供应商财务绩效也会相应增加直至达到一个临界点；过了该临界点，B2B 供应商的财务绩效会随着二者匹配程度的增强而减弱。

基于此，本章提出以下假设：

H3：竞争关系对 B2B 品牌导向与财务绩效间的关系起倒 "U" 形调节作用。

（四）**B2B** 品牌导向与竞合关系的三项交互效应

张钰等（2017）提出对竞合现象的研究应当关注合作与竞争的整合效果，否则无法系统考虑这两个决定性因素的共同作用。因此，本章将进一步检验在 B2B 品牌导向与合作关系和竞争关系三项交互作用对财务绩效的影响。在 B2B 品牌导向与竞争关系的匹配程度向临界值递增阶段，供应商在产业市场的品牌投入程度逐渐增加，采购商对其产品的独特性评价也相应提高，有助于供应商创造更优的品牌价值（Dahlquist & Griffith，2014）。然而，供应链与产业营销的文献表明，企业外部合作效果对财务绩效具有正向影响，意味着供应商与采购商展开的价值共创互动（董言和李桂华，2018），有助于为双方带来市场价值和经济价值，减少采购商对 B2B 品牌采取抵制行为的可能（Homburg et al.，2014），提高供应商在价值链当中的经济收益。同时，在存在竞争的情境下实施 B2B 品牌合作策略，可以促使供应商以保护自身利益为前提准确把握采购商的需求，并将市场信息转化为组织知识，通过组织协同知识共享转化为企业的竞争优势（段万春和李美，2019）。基于以上分析，本研究认为该阶段的 B2B 品牌导向与竞合行为会形成协同效应，有助于提高供应商的财务收益。

当 B2B 品牌导向与竞争关系匹配程度越过临界值并进一步提高时，供应商逐渐增强的 B2B 品牌战略会给采购商的感知利益带来较高的不确定性：一方面，B2B 品牌导向与竞争关系匹配程度的提升，将会导致采购商难以从该供应商获取品牌形象溢出价值；另一方面，采购商会警惕供应商利用合作中的共享资源扩大在交易过程中的议价优势（Dahlquist & Griffith，2014）。基于上述两个方面的考虑，采购商出于保护自身利益更可能选择降低合作过程中的资源投入程度，甚至采取机会主义行为（Ghosh & John，2005）。因此，该阶段的 B2B 品牌导向与合作关系和竞争关系各自交互作用所创造的经济价值会相互抵消，从而降低 B2B 供应商的收益。

基于此，本章提出以下假设：

H4：当 B2B 品牌导向与竞争关系的交互效应对财务绩效有正向影响时，B2B 品牌导向与合作、竞争的三项交互效应对财务绩效具有正向影响；

H5：当 B2B 品牌导向与竞争关系的交互效应对财务绩效有负向影响时，B2B 品牌导向与合作、竞争的三项交互效应对财务绩效具有负向影响。

本章的概念模型如图 9-1 所示。

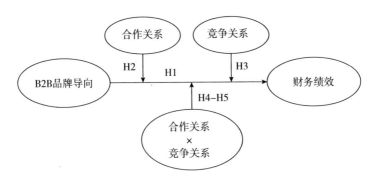

图 9-1 本章概念模型

三、研究设计

（一）样本选择与数据收集

本章采用问卷调研的方式向 B2B 供应商收集数据，考虑到 B2B 供应商样本联系和调研的难度较大，研究组采用两种方式展开调研：第一种是利用 MBA 学员、校友等关系资源联系适合的供应商样本，请被访者当面填答问卷或通过线上发送电子版问卷；第二种是采用付费的方式，委托专业市场调研公司向符合研究要求的供应商企业展开调研。调研共历时 4 个月，在第一种方式中，研究组通过接触供应商企业管理层回收有效问卷 31 份，通过在线调研发放问卷 42 份，回收 40 份，其中有效问卷 24 份。市场调研公司向研究组提交 155 份样本数据，剔除掉不符合要求的样本，研究组保留了 112 份有效数据。利用上述两种方式，本研究共回收有效问卷 167 份。本次调研的样本供应商均符合以下要求：①属于 B2B 制造型企业，其产品用于满足终端产品采购商的再生产需求；②该供应商提供的产品实施了品牌化战略；③样本企业所处行业为非垄断行业，保证其品牌能在市场竞争中发挥作用。

本次调研的 B2B 供应商主要集中在制造行业，包括纺织业、通用设备制造业、汽车制造业、电器机械和器材制造业、计算机通信和其他电子设备制造业等，对于剩余占比较低的样本企业，本研究统一归类为"其他行业"。Dahlquist 和 Griffith（2014）认为，制造业在要素产业当中占有较大比例，以制造业为调研对象能确保研究覆盖多种 B2B 供应商类型，因此本研究的样本选择具有较好的典型性和代表性。调研样本特征具体如表 9-1 所示。

表 9-1　样本供应商描述性统计 （N=167）

	指标	样本数量（份）	百分比（%）		指标	样本数量（份）	百分比（%）
调研方式	亲自调研	55	32.9	供应商规模	50 人以下	12	7.2
	委托调研	112	67.1		50~100 人	23	13.8
所处行业	纺织业	15	9.0		101~500 人	87	52.1
	通用设备制造业	44	26.3		501~1000 人	32	19.2
	汽车制造业	30	18.0		1000 人以上	13	7.8
	电机器材制造业	22	13.2	供应合作年限	1~3 年	21	12.6
	计算机、通信和电子设备制造业	42	25.1		4~6 年	71	42.5
					7~10 年	47	28.1
	其他行业	14	8.4		10 年以上	28	16.8

（二）变量测量

本章的测量问项主要借鉴国内外相关文献的量表，同时对行业专家和小规模 B2B 供应商进行访谈，以保证调研问卷能够准确反映我国 B2B 供应商品牌导向与竞合行为的实际情况。自变量中的 B2B 品牌导向主要对 Chang 等（2018）的测量量表进行改编，包含 5 个问项；合作关系与竞争关系借鉴张钰等（2017）、董言和李桂华（2018）的研究，其中合作关系包含 5 个问项，竞争关系包含 4 个问项。在财务绩效的测量上，本研究考虑到由于不同行业的财务标准和市场范畴存在差异而难以使用客观绩效数据进行对比，因此采用卢宏亮等（2016）的观点，从销售增长额、投资回报率和盈利能力三个方面进行主观评价。上述变量的所有问项设计均采用 Likert 7 级量表进行测量，1 为完全不同意，7 为完全同意。本研究在概念模型测量量表开发的基础上，引入供应商规模、供应合作年限和所处行业等企业特征因素作为控制变量，以保证研究结论的有效性。

（三）信度与效度检验

表 9-2 为测量量表的信度与收敛效度检验结果。在信度检验方面，本章采用 Cronbach's α 系数和组合信度 （CR） 两个指标作为评价标准，通过运用 SPSS

18.0 和 AMOS 7.0 对各变量的信度进行分析，测量量表中各变量的 Cronbach's α 系数最低值为 0.838，组合信度（CR）最低值为 0.839，均大于 0.7 的标准值，表明本研究的测量量表具有较好的信度。

表 9-2　量表信度与收敛效度检验结果

潜变量	观测变量	因子载荷	CR	α 值	AVE
品牌导向	B2B 品牌化对我们的战略至关重要	0.788	0.877	0.876	0.587
	B2B 品牌化贯穿于我们所有的营销活动	0.802			
	企业里的员工都将 B2B 品牌建设视为优先目标	0.733			
	长期的 B2B 品牌计划是我们未来成功的关键	0.774			
	B2B 品牌成为我们的重要资产	0.732			
合作关系	我们与采购商积极共享拥有的信息	0.812	0.867	0.867	0.610
	我们与采购商通力合作解决问题	0.809			
	我们能够对采供关系变化做出灵活响应	0.758			
	我们与采购商员工沟通频繁	0.783			
	我们致力于实现与采购商的共同商业利益	0.742			
竞争关系	我们会采用一些方法来迫使采购商让步	0.764	0.851	0.850	0.589
	我们在可控范围内会做任何事情以获得更多利益	0.769			
	在交易过程中，我们经常和采购商讨价还价	0.743			
	为了可获得利益，我们会忽略一些对采购商的义务	0.792			
财务绩效	进行品牌化后，我们实现了更高的销售增长额	0.815	0.839	0.838	0.635
	进行品牌化后，我们实现了更高的投资回报率	0.789			
	进行品牌化后，我们具备更好的盈利能力	0.787			

　　在测量量表的内容效度方面，本章测量量表问项首先借鉴国内外文献中经过实证检验的量表为基础，通过小规模预调研对问项质量进行甄别和删改，同时在量表开发过程中向产业营销领域的学者进行意见咨询，调整提问方式和内容，保证了该量表具有较好的内容效度。收敛效度运用 AMOS 17.0 建立测量模型，测量模型拟合优度分析结果为：$\chi^2/\mathrm{df} = 2.156$，AGFI $= 0.927$，RMSEA $= 0.083$，CFI $= 0.951$，TLI $= 0.901$，PNFI $= 0.458$。在此基础上采用验证性因子分析的方法进行检验，结果表明各问项的因子载荷与各变量的平均方差萃取值（AVE）都大

于 0.5 的标准值，说明测量指标较好地会聚于构念，并且各变量测量指标具有较好的同质性。在判别效度方面，采用模型中各变量的 AVE 平方根应大于其所在行与列相关系数的绝对值的方法进行检验。从表 9-3 的判别效度检验结果可以看出，各变量间的判别效度也比较理想，适合进行下一步的假设检验。

表 9-3　变量均值、标准差与判别效度检验结果

测量构念	均值	标准差	B2B 品牌导向	合作关系	竞争关系	财务绩效
B2B 品牌导向	4.702	1.029	**0.766**			
合作关系	4.844	1.142	0.099	**0.781**		
竞争关系	4.308	1.450	0.025	0.064	**0.767**	
财务绩效	3.828	1.141	0.422**	0.278***	-0.005	**0.797**

注：***表示 p<0.01，**表示 p<0.005（双尾检验，下同）；加粗字体为变量的 AVE 值平方根。

（四）共同方法偏差检验

由于本研究仅针对制造行业的 B2B 供应商进行数据收集，且问卷均由企业中个体人员填答，为了降低相同数据来源和相似数据采集情境造成的共同方法偏差，本研究主要从程序和统计检验两个方面对共同方法偏差进行控制。程序控制主要体现在本研究的调研问卷均采用多个问项对同一变量进行测量，避免单个问项无法有效反映变量内涵的差异性。统计检验控制则通过 Harman 单因素检验方法实现，具体为将所有变量的问项纳入一个模型，按照特征值大于 1 的方法进行因子分析，在提取出的 4 个共同因子中，未旋转的第一个因子解释了总方差的 29.1%，表明所有单个因子解释率均小于 50% 的判断标准，因此可以判定所收集数据的共同方法偏差效应并不明显。

（五）假设检验

首先，在采用多元层级回归方法对所提假设进行检验之前，为减少控制变量非正态分布的影响，对供应商规模和供应商年限取自然对数，同时对供应商所处

行业进行虚拟变量处理，具体做法是以"汽车制造业"为基准产生 5 个虚拟变量（行业 1 至行业 5）；其次，采用方差膨胀因子（VIF）和容忍度（Tolerance）两个指标对变量间的多重共线性进行检验，结果表明 VIF 值均处于 1~10、容忍度均大于 0.1，表明各变量适合进行回归分析。

表 9-4 为主效应及调节效应的回归分析结果。表中的模型 1 为控制变量对财务绩效的基准模型，模型 2 在模型 1 的基础上加入 B2B 品牌导向，结果显示 β = 0.424，p<0.001，相较于基准模型，R^2 显著增加 0.174（p<0.001），表明供应商的 B2B 品牌导向对其财务绩效具有显著正向影响，H1 得到证实。模型 3 在基准模型的基础上，加入 B2B 品牌导向、合作关系以及交互项"B2B 品牌导向×合作关系"，结果表明交互项的回归系数为 β = 0.150，p<0.05，R^2 显著增加 0.246（p<0.001），表明合作关系对 B2B 品牌导向与财务绩效关系具有正向调节作用，H2 得到证实。模型 4 中，在加入控制变量的基础上，B2B 品牌导向与竞争关系交互项对财务绩效的回归系数为 β = 0.046，p=0.532；模型 5 进一步加入 B2B 品牌导向与竞争关系二次项的交互项，进而检验竞争关系对 B2B 品牌导向与财务绩效关系的非线性调节作用，结果显示该二次项交互项对财务绩效的回归系数为 β = -0.190，p<0.05，R^2 显著增加 0.091，p<0.001，结果证实了竞争关系对 B2B 品牌导向与财务绩效的关系起倒"U"形调节作用，H3 通过检验。

表 9-4　主效应及调节效应的回归分析结果

	财务绩效				
	模型 1	模型 2	模型 3	模型 4	模型 5
控制变量					
供应商规模	0.107	0.128	0.096	0.135	0.101
供应合作年限	-0.017	-0.060	-0.045	-0.056	-0.083
行业$_1$	-0.103	-0.108	-0.130	-0.111	-0.112
行业$_2$	-0.075	-0.065	-0.090	-0.064	-0.052
行业$_3$	-0.016	-0.012	-0.028	-0.015	-0.040
行业$_4$	0.037	-0.004	-0.027	-0.005	-0.023
行业$_5$	0.094	-0.053	-0.013	-0.061	-0.092

续表

	财务绩效				
	模型 1	模型 2	模型 3	模型 4	模型 5
主效应					
B2B 品牌导向		0.424***	0.415***	0.425***	0.517***
合作关系			0.246**		
竞争关系				-0.042	-0.109
竞争关系^2					-0.295***
二项交互项					
B2B 品牌导向×合作关系			0.150*		
B2B 品牌导向×竞争关系				0.046	0.007
B2B 品牌导向×竞争关系^2					-0.190*
VIF	≤1.868	≤1.869	≤1.881	≤1.892	≤1.896
Tolerance	≥0.535	≥0.535	≥0.542	≥0.529	≥0.527
R^2	0.026	0.200	0.272	0.204	0.295
ΔR^2		0.174***	0.246***	0.178***	0.091***
F	0.611	4.929***	5.829***	3.997***	5.359***

注：*表示 p<0.05，**表示 p<0.01，***表示 p<0.001。

为进一步检验三项交互作用，本研究借鉴 Huang 等（2014）的研究方法求出 B2B 品牌导向与竞争行为交互项的临界值（Huang et al.，2014）。具体而言，忽略模型 5 中其他变量的影响，得到关于 B2B 品牌导向与竞争交互项对财务绩效影响的方程模型：LnFP = 0.007（B2B 品牌导向×竞争关系）-0.190（B2B 品牌导向×竞争关系^2），将方程取一阶导数，并使其等于 0 可求出方程的解为 0.018，该值即为 B2B 品牌导向与竞争关系交互项对财务绩效倒"U"形作用的临界值。在此基础上，以该值为分界点将样本企业分为两个组别，组别 1 由 B2B 品牌导向与竞争关系交互项分值小于 0.018 的样本组成，共包括 77 个企业；组别 2 为 B2B 品牌导向与竞争关系交互项分值大于 0.018 的样本，共有 90 个企业。

在对 H4 和 H5 进行检验前，参照已有研究分别将组别 1 与组别 2 中的 B2B 品牌导向、合作关系与竞争关系相乘（Homburg et al.，2014），得到三项交互项"B2B 品牌导向×合作关系×竞争关系"。表 9-5 中，模型 6 为纳入控制变量和解释变量的基准模型，模型 7 在此基础上进一步纳入 B2B 品牌导向、合作关系与竞争关系的三项交互项，该交互项对财务绩效的回归系数为 $\beta = 0.404$，$p<0.01$，R^2 值比模型 6 显著增加了 0.081（$p<0.01$）。该结果表明，当竞争关系对 B2B 品牌导向与财务绩效关系的调节作用呈现正相关关系时，供应商同时建立合作关系有助于提升自身的财务绩效，H4 得到实证支持。同理，以高分组为样本对 H5 进行假设检验。模型 8 是由控制变量和解释变量构成的基准模型，模型 9 在模型 8 的基础上加入三项交互项，结果表明该交互项对财务绩效的回归系数为 $\beta = -0.132$，$p = 0.377$，R^2 相较于模型 8 增加 0.007，但不显著。从该结果可知，当 B2B 品牌导向与竞争关系交互项对财务绩效的影响呈负相关关系时，供应商同时建立合作关系对财务绩效的影响不显著，H5 未能通过实证检验。

表 9-5　三项交互效应的回归分析结果

	财务绩效			
	组别 1：低分组（N=77）		组别 2：高分组（N=90）	
	模型 6	模型 7	模型 8	模型 9
控制变量				
供应商规模	0.181	0.158	0.063	0.058
供应合作年限	-0.2002	-0.166	0.104	0.107
行业₁	-0.316	-0.321	0.019	0.009
行业₂	-0.162	-0.121	-0.028	-0.024
行业₃	-0.150	-0.216	0.022	0.026
行业₄	-0.134	-0.154	0.004	0.011
行业₅	-0.244	-0.209	0.140	0.161
主效应				
B2B 品牌导向	0.490**	0.477**	0.593***	0.597***
合作关系	0.215	0.481**	0.233*	0.334*
竞争关系	0.120	0.163	-0.212	-0.194
三项交互项				
B2B 品牌导向×合作关系×竞争关系		0.404**		-0.132
VIF	≤2.372	≤2.393	≤2.067	≤2.671
Tolerance	≥0.422	≥0.418	≥0.484	≥0.374

续表

	财务绩效			
	组别1：低分组（N＝77）		组别2：高分组（N＝90）	
	模型6	模型7	模型8	模型9
R^2	0.291	0.372	0.348	0.355
ΔR^2		0.081**		0.007
F	2.707**	3.498**	4.223***	3.901***

注：***表示 $p<0.001$，**表示 $p<0.005$，*表示 $p<0.01$（双尾检验，下同）。

四、研究结论

（一）研究发现

作为提高供应商供给质量和效率的重要资源，B2B品牌尽管在实践发展中已经形成一种独特的企业战略导向，但大多数供应商仍基于"企业创造品牌，顾客接受品牌"的传统价值生成逻辑塑造品牌，忽略了 B2B 品牌效用提升需要采购商参与和互动的本质，导致 B2B 品牌导向实施过程中造成资源浪费或资源使用的低效率（卢宏亮等，2016）。本章聚焦于供应商 B2B 品牌导向对其财务绩效的影响，同时结合竞合理论的分析框架，关注供应商与采购商之间的不同竞合关系对主效应的调节作用，通过国内 167 家制造型供应商的调研数据，分别考察了合作关系、竞争关系对 B2B 品牌导向与财务绩效关系的影响，并检验了不同程度竞合关系的三项交互效应。本章的主要研究结论如下：

供应商实施 B2B 品牌导向对其财务绩效具有正向影响。已有研究认为，供应商对 B2B 品牌的战略关注能够有效提升该品牌在产业市场中的可信度、专业性和吸引力，转化为过去和当前营销投资的累积效应，因此对财务绩效指标具有直接促进作用（Gromark & Melin，2011）。同时，在高度不确定的产业市场环境中，品牌导向型供应商能更有效降低采购商感知风险和信息搜索成本，因此在销售增长、盈利能力和市场份额方面对财务业绩产生更大的影响，这与 Dahlquist 和 Griffith（2014）的研究一致。

合作关系和竞争关系均对 B2B 品牌导向与财务绩效关系起到调节作用。单独调节效应表明，合作关系有助于提升 B2B 品牌导向对财务绩效的影响，这是因为供应商与采购商合作过程的相关活动能够降低供应商成本、提高采购商共同参与创造的价值（严建援和何群英，2017），使供应商财务回报维持在一个较高水平；与合作关系相比，竞争关系对 B2B 品牌导向与财务绩效关系的影响被关注得较少，本章证实竞争关系对 B2B 品牌导向与财务绩效关系的调节作用存在边界条件，当竞争关系与 B2B 品牌导向的交互效应超过中等水平，采购商出于保护自身既得利益会考虑采取反对和抵制措施，导致供应商的经济收益下降。

不同程度的合作与竞争交互效应具有不同的影响。分析结果表明，当 B2B 品牌导向与竞争关系交互项分值向临界值递进时，B2B 品牌导向与合作、竞争的三项交互作用对财务绩效具有正向影响，适度的合作与竞争既有助于形成 B2B 品牌的吸引力，如显著的品牌差异化或是良好的品牌形象（Worm & Srivastava，2014），构成提高采购商合作意愿的前提，从而有助于双方在垂直渠道中形成更强的依赖性，为供应商带来更多的经济收益。当 B2B 品牌导向与竞争关系交互项分值大于临界值时，B2B 品牌导向与合作、竞争的三项交互作用对财务绩效影响并不显著。可能的原因在于，在 B2B 品牌导向与竞争关系匹配性递增的情境下，尽管采供双方间冲突会削弱 B2B 品牌导向的效用，但基于同时存在的合作关系，供应商能够根据已有品牌核心属性和采购商需求，提升 B2B 品牌导向价值活动优化流程，降低经济收益损失的风险。

（二）研究价值与建议

本章的主要理论启示包括以下几点：此前鲜有研究将采供双方竞合关系引入 B2B 品牌领域，本章基于供应商与采购商的复杂关系对 B2B 品牌导向效用进行探讨，不仅弥补了已有研究大多关注 B2B 品牌与企业绩效的线性关系的不足，也采用定量研究的范式检验了 Chiambaretto 等（2016）提出的竞合品牌观点；同时，本章丰富了竞合视角在产业营销研究中的应用，通过对采供双方间合作、竞争及竞合共同作用于 B2B 品牌导向与财务绩效关系的探讨，证实了合作关系与竞争关系同时存在将对 B2B 品牌导向的效用产生更复杂的影响，为充分理解 B2B 品牌导向转化为企业价值的复杂性和多元性提供有力见解。

　　本章结论为供应商在关系复杂、合作与竞争并存的产业市场中有效实施 B2B 品牌导向提供了有益启发：第一，鉴于合作关系对 B2B 品牌导向与财务绩效关系的正向调节作用，供应商应当鼓励和促使采购商参与到 B2B 品牌价值的创造和传递过程中来，通过共建市场渠道、投放联合广告、共享知识能力等合作方式，实现"我能为你做什么"向"你能与我一起做什么"的逻辑转变（Zhang et al.，2015），供应商不仅要树立起 B2B 品牌导向的意识和观念，还要以品牌为载体，将与采购商的沟通合作作为提高市场优势的重要策略。第二，供应商实施 B2B 品牌导向的过程中，应在与采购商的竞争关系中寻求最佳平衡点，这要求供应商既要将竞争保持在一定水平上，避免过低竞争或过度竞争导致 B2B 品牌导向的效应减弱，同时也应采取联合研发和品牌宣传等措施，实现品牌化能力与竞争关系的适应与匹配，推动双方建立起以品牌利益为基础的良性竞争关系。第三，从实践经验看，但凡成功的 B2B 品牌都无法忽视竞合关系所产生的协同效应，供应商在推动 B2B 品牌导向的同时，既要通过提升与采购商的关系质量为 B2B 品牌转化为经济收益提供稳定的合作环境，又要致力于塑造强势的上游品牌刺激和提高采购商的参与程度，避免供应商自身陷入长期进行专用性投资而形成的束缚，并最终构建 B2B 品牌战略的核心竞争力。

参考文献

［1］ Aaker J L. Dimensions of brand personality ［J］. Journal of Marketing, 1997, 34 (3): 347-356.

［2］ Adams F G, Graham K W. Integration, knowledge creation and B2B governance: The role of resource hierarchies in financial performance ［J］. Industrial Marketing Management, 2016, 63 (5): 179-191.

［3］ Acquaah M. Managerial social capital, strategic orientation, and organizational performance in an emerging economy ［J］. Strategic Management Journal, 2010, 28 (12): 1235-1255.

［4］ Andreini D, Bergamaschi M, Pedeliento G, et al. Industrial ingredient co-branding: A brand relationship approach ［J］. International Journal of Business & Management, 2016, 11 (7): 23-41.

［5］ Anees-ur-Rehman M, Wong H Y, Sultan P, et al. How brand-oriented strategy affects the financial performance of B2B SMEs ［J］. Journal of Business & Industrial Marketing, 2018, 33 (3): 305-315.

［6］ Apaydin F. A proposed model of antecedents and outcomes of brand orientation for nonprofit sector ［J］. Asian Social Science, 2011, 7 (9): 194-202.

［7］ Backhaus K, Steiner M, Lügger K. To invest, or not to invest, in Brands? Drivers of brand relevance in B2B markets ［J］. Industrial Marketing Management, 2011, 40 (7): 1082-1092.

[8] Baldauf A, Cravens K S, Binder G. Performance consequences of brand equity management: Evidence from organizations in the value chain [J]. Journal of Product & Brand Management, 2003, 12 (4): 220-236.

[9] Ballantyne D, Aitken R. Branding in B2B markets: insights from the service-dominant logic of marketing [J]. Journal of Business & Industrial Marketing, 22 (6): 363-371.

[10] Baumgarth C. Brand orientation of museums: Model and empirical result [J]. International Journal of Arts Management, 2009, 11 (3): 30-45.

[11] Baumgarth C. "Living the brand": Brand orientation in the business-to-business sector [J]. European Journal of Marketing, 2010, 44 (5): 653-671.

[12] Baumgarth C, Merrilees B, Urde M. Brand orientation: Past, present, and future [J]. Journal of Marketing Management, 2013, 29 (9-10): 973-980.

[13] Beverland M, Napoli J, Lindgreen A. Industrial global brand leadship: A capabilities view [J]. Industrial Marketing Management, 2007, 36 (8): 1082-1093.

[14] Blomback A., Axelsson B. The role of corporate brand image in the selection of new subcontractors [J]. Journal of Business & Industrial Marketing, 2007, 22 (6): 418-430.

[15] Bridson K, Evans J. The secret to a fashion advantage is brand orientation [J]. International Journal of Retail & Distribution Management, 2004, 32 (8): 403-411.

[16] Brodie R J, Ilic A, Juric B. Consumer engagement in a virtual brand community: An exploratory analysis [J]. Journal of Business Research, 2013, 66 (1): 105-114.

[17] Brown B P, Zablah A R, Bellenger D N, et al. What factors influence buying center brand sensitivity? [J]. Industrial Marketing Management, 2012, 41 (3): 508-520.

[18] Cai S, Yang Z, Hu Z. Exploring the governance mechanisms of quasi-integration in buyer-supplier relationships [J]. Journal of Business Research, 2009, 62

（6）：660-666.

［19］Cannon J P, Perrault W D. Buyer-seller relationships in business markets ［J］. Journal of Marketing Research, 1999, 36 (4)：439-460.

［20］Carey S, Lawson B, Krause D R. Social capital configuration, legal bonds and performance in buyer-supplier relationships ［J］. Journal of Operations Management, 2011 (29)：277-288.

［21］Casidy R. The role of brand orientation in the higher education sector：A student-perceived paradigm ［J］. Asia Pacific Journal of Marketing and Logistics, 25 (5)：803-820.

［22］Castro G M. Knowledge management and innovation in knowledge-based and high-tech industrial markets：The role of openness and absorptive capacity ［J］. Industrial Marketing Management, 2015 (47)：143-146.

［23］Chang Y, Wang X C, Arnett D B. Enhancingfirm performance：The role of brand orientation in business-to-business marketing ［J］. Industrial Marketing Management, 2018, 10 (3)：201-210.

［24］Chang Y, Wang X C, Su L X, et al. B2B brand orientation, relationship commitment, and buyer-supplier relational performance ［J］. Journal of Business & Industrial Marketing, 2020, 36 (2)：324-336.

［25］Chiambaretto P, Gurau C, Roy F L. Coopetitive branding：Definition, typology, benefits and risks ［J］. Industrial Marketing Management, 2016, 57 (8)：86-96.

［26］Chovancová M, Osakwe C N, Ogbonna B U. Building strong customer relationships through brand orientation in small service firms：An empirical investigation ［J］. Croatian Economic Survey, 2015, 17 (1)：111-138.

［27］Claro D P, Hagelaar G, Omta O. The determinants of relational governance and performance：How to manage business relationships? ［J］. Industrial Marketing Management, 2003, 32 (8)：703-716.

［28］Coleman D A, de Chernatony L, Christodoulides G. B2B service brand identity and brand performance: An empirical investigation in the UK's B2B IT services sector [J]. European Journal of Marketing, 2015, 49 (7/8): 1139-1162.

[29] Dahlquist S H, Griffith D A. Multidyadic industrial channels: Understanding component supplier profits and original equipment manufacturer behavior [J]. Journal of Marketing, 2014, 78 (7): 59-79.

[30] De Chernatony L. Would a brand smell any sweeter by a corporate name? [J]. Corporate Reputation Review, 2002, 5 (2/3): 114-132.

[31] Dong W, Ma Z, Zhou X. Relational governance in supplier-buyer relationships: The mediating effects of boundary spanners' interpersonal guanxi in China's B2B market [J]. Journal of Business Research, 2017 (78): 332-340.

[32] Dyer J H, Singh H. The relational view: Cooperative strategy and sources of interorganizational competitive advantage [J]. Academy of Management Review 1998, 23 (4): 660-679.

[33] Ewing M T, Napoli J. Developing and validating a multidimensional nonprofit brand orientation scale [J]. Journal of Business Research, 2005, 58 (6): 841-853.

[34] Erevelles S, Stevenson T H, Srinivasan S, et al. An analysis of B2B ingredient co-branding relationships [J]. Industrial Marketing Management, 2008, 37 (8): 940-952.

[35] Esch F R, Langner T, Schmitt B H., et al. Are brands forever? Brand knowledge and relationships current and future purchases [J]. Journal of Product & Brand Management, 2006, 15 (2): 98-105.

[36] Evans J, Bridson K, Rentschler R. Drivers, impediments and manifestations of brand orientation: An international museum study [J]. European Journal of Marketing, 2012, 46 (11/12): 1457-1475.

[37] Fang E, Palmatier R W, Grewal R. Effects of customer and innovation asset configuration strategies on firm performance [J]. Journal of Marketing Research, 2011, 48 (6): 587-602.

［38］Fischer M, Volckner F, Slattler H. How importance are brands? A cross-category, cross-country study ［J］. Journal of Marketing Research, 2010, 47 (5): 823-839.

［39］Ford D. The business marketing course: Managing in complex networks ［M］. Chichester: John Wiley & Sons, 2002.

［40］Garvin D. Competing on eight dimensions of quality ［J］. Harvard Business Review, 1987 (65): 101-109.

［41］Ghosh M, John G. When should original equipment manufacturers use branded component contracts with suppliers? ［J］. Journal of Marketing Research, 2009, 46 (10): 597-611.

［42］Glynn M S. Primer in B2B brand-building strategies with a reader practicum ［J］. Journal of Business Research, 2012, 65 (5): 666-675.

［43］Glynn M S, Motion J, Brodie R J. Sources of brand benefits in manufacturer-reseller B2B relationships ［J］. Journal of Business & Industrial Marketing, 2007, 22 (6): 400-409.

［44］Goldenberg J, Han S, Lehmann D R. The role of hubs in the adoption process ［J］. Journal of Marketing, 2009, 73 (2): 1-13.

［45］Golfetto F, Gibbert M. Marketing competencies and the sources of customer value in business markets ［J］. Industrial Markets Management, 2006, 35 (8): 904-912.

［46］Goo J, Kishore R, Rao H R, et al. The role of service level agreements in relational management of information technology outsourcing: An empirical study ［J］. MIS Quarterly, 2009, 33 (1): 119-145.

［47］Granovetter M S. Economic institutions as social constructions: A framework for analysis ［J］. Acta Sociologica, 1992, 25 (1): 3-11.

［48］Gromark J, Melin F. The underlying dimensions of brand orientation and its impact on financial performance ［J］. Journal of Brand Management, 2011, 18 (6): 394-410.

[49] Grönroos C. Value co-creation in service logic: A critical analysis [J]. Marketing Theory, 2011, 11 (3): 279-301.

[50] Hadjikhani A, LaPlaca P. Development of B2B marketing theory [J]. Industrial Marketing Management, 2013, 42 (3): 294-305.

[51] Han S-L, Sung H-S. Industrial brand value and relationship performance in business markets—A general structural equation model [J]. Industrial Marketing Management, 2008, 37 (7): 807-818.

[52] Hankinson P. Brand orientation in the charity sector: A framework for discussion and research [J]. International Journal of Nonprofit and Voluntary Sector Marketing, 2001, 6 (3): 231-242.

[53] Hankinson P. The impact of brand orientation on managerial practice: A quantitative study of the UK's top 500 fundraising managers [J]. International Journal of Nonprofit & Voluntary Sector Marketing, 2002, 7 (1): 30-44.

[54] Hankinson G. The measurement of brand orientation, its performance impact, and the role of leadership in the context of destination branding: An exploratory study [J]. Journal of Marketing Management, 2012, 28 (7-8): 974-999.

[55] Harrison-Walker L J. Manifestations of a strategic brand orientation [J]. Academy of Marketing Studies Journal, 2014, 18 (1): 203-216.

[56] Herbst U, Merz M A. The industrial brand personality scale: Building strong business-to-business brands [J]. Industrial Marketing Management, 2011, 40 (7): 1072-1081.

[57] Hirvonen S, Laukkanen T. Brand orientation in small firms: An empirical test of the impact on brand performance [J]. Journal of Strategic Marketing, 2014, 22 (1): 41-58.

[58] Homburg C, Klarmann M, Schmitt J. Brand awareness in business markets: When is it related to firm performance? [J]. International Journal of Research in Marketing, 2010, 27 (3): 201-212.

[59] Homburg C, Wilczek H, Hahnn A. Looking beyond the horizon: How to

approach the customers' customers in business-to-business markets. Journal of Marketing, 2014, 78 (5): 58-77.

［60］Huang M C, Cheng H L, Tseng C Y. Reexamining the direct and interactive effects of governance mechanisms upon buyer – supplier cooperative performance ［J］. Industrial Marketing Management, 2014, 43 (4): 704-716.

［61］Huang Y T, Tsai Y T. Antecedents and consequences of brand – oriented companies ［J］. European Journal of Marketing, 2013, 47 (47): 2020-2041.

［62］Iglesias O, Ind N, Alfaro M. The organic view of the brand: A brand value co-creation model ［J］. Journal of Brand Management, 2013, 20 (8): 670-688.

［63］Iglesias O, Landgraf P, Ind N, et al. Corporate brand identity co-creation in business-to-business contexts ［J］. Industrial Marketing Management, 2020, 85 (2): 32-43.

［64］Jalkala A M, Keränen J. Brand positioning strategies for industrial firms providing customer solutions ［J］. Journal of Business & Industrial Marketing, 2014, 29 (3): 253-264.

［65］Jones R. Finding sources of brand value: Developing a stakeholder model of brand equity ［J］. Journal of Brand Management, 2005, 13 (1): 43-62.

［66］Kale P, Singh H, Perlmutter H. Learning and protection or proprietary assets in strategic alliances: Building relational capital ［J］. Strategic Management Journal, 2000, 21 (3): 217-237.

［67］Keller K L, Lehmann D R. How do brands create value? ［J］. Marketing Management, 2003, 12 (3): 26-31.

［68］Kim J-H, Hyun Y. A model to investigate the influence of marketing-mix efforts and corporate image on brand equity in the IT software sector ［J］. Industrial Marketing Management, 2011, 40 (3): 424-438.

［69］Kim K-T, Lee J S, Lee S-Y. The effects of supply chain fairness and the buyer's power sources on the innovation performance of the supplier: A mediating role of social capital accumulation ［J］. Journal of Business & Industrial Marketing, 2017,

32 (7): 987-997.

[70] King C, So K K F, Grace D. The influence of service brand orientation on hotel employees' attitude and behaviors in China [J]. International Journal of Hospitality Management, 2013 (34): 172-180.

[71] Kirk C P, Ray I, Wilson B. The impact of brand value on firm valuation: The moderating influence of firm type [J]. Journal of Brand Management, 2013, 20 (6): 488-500.

[72] Kohli A K, Jaworski B J. Market orientation: The construct, research propositions, and managerial implications [J]. Journal of Marketing, 1990, 54 (2): 1-18.

[73] Kotler P, Pfoertsch W. Ingredient branding: Making the invisible visible [M]. Heidelberg: Springer Verlag, 2010.

[74] Kylander N, Stone C. The role of brand in the nonprofit sector [J]. Stanford Social Innovation Review, 2012, 10 (2): 37-41.

[75] Laukkanen T, Tuominen S, Reijonen H, et al. Does market orientation pay off without brand orientation? A study of small business entrepreneurs [J]. Journal of Marketing Management, 2015, 32 (7): 1-22.

[76] Lawson B, Tyler B B, Cousins P D. Antecedents and consequences of social capital on buyer performance improvement [J]. Journal of Operations Management, 2008 (26): 446-460.

[77] Lee C H, Ha B C. The impact of buyer-supplier relationships' social capital on bi-directional information sharing in the supply chain [J]. Journal of Business & Industrial Marketing, 2018, 33 (3): 325-336.

[78] Leek S, Christodoulides G. A literature review and future agenda for B2B branding: Challenges of branding in a B2B context [J]. Industrial Marketing Management, 2011, 40 (6): 830-837.

[79] Leek S, Christodoulides G. A framework of brand value in B2B markets: The contributing role of functional and emotional components [J]. Industrial Marketing

Management, 2012, 41 (1): 106-114.

[80] Leiponen A, Helfat C E. Innovation objectives, knowledge sources, and the benefits of breadth [J] . Strategic Management Journal, 2010, 31 (2): 224-236.

[81] Lennstrand B, Frey M, Johansen M. Analyzing B2B emarkers-the impact of product and industry characteristics on value creation and business strategies [C] . ITS Asia - Indian Ocean Regional Conference in Perth, Western Australia, 2001, 7 (2-3): 1-22.

[82] Li Y, Ye F, Sheu C. Social Capital, information sharing and performance: Evidence from China [J] . International Journal of Operations & Production Management, 2014, 4 (11): 1440-1462.

[83] Linder C, Seidenstricker S. The strategic meaning of ingredient brands: A resource-based analysis [J] . Asian Journal of Marketing, 2010, 4 (1): 1-16.

[84] Lindgreen A, Wynstra F. Value in business markets: What do we know? Where are we going? [J] . Industrial Marketing Management, 2005, 34 (7): 732-748.

[85] Low J, Blois K. The evolution of generic brands in industrial markets: The challenges to owners of brand equity [J] . Industrial Marketing Management, 2002 (31): 385-392.

[86] Lynch J, de Chernatony L. The power of emotion: Brand communication in business-to-business markets [J] . Journal of Brand Management, 2004, 11 (5): 403-419.

[87] Lynch J, de Chernatony L. Winning hearts and minds: Business-to-business branding and the role of the salesperson [J] . Journal of Marketing Management, 2007, 23 (1/2): 123-135.

[88] Madupu V, Cooley D O. Antecedents and consequences of online brand community participation: A conceptual framework [J] . Journal of Internet Commerce, 2010, 9 (2): 127-147.

[89] Michell P, King J, Reast J. Brand values related to industrial products

［J］. Industrial Marketing Management, 2001, 30 (5): 415-425.

［90］Miller D, Shamsie J. The resource-based view of the firm in two environments: The Hollywood film studios from 1936-1965 ［J］. Academy of Management Journal, 1996, 39 (3): 519-543.

［91］Min K, Stephen K, Chen H. Developing social identity and social capital for supply chain management ［J］. Journal of Business Logistics, 2008, 29 (1): 283-304.

［92］Mingione M, Leoni L. Blurring B2C and B2B boundaries: Corporate brand value co-creation in B2B2C markets ［J］. Journal of Marketing Management, 2020, 36 (1-2): 72-99.

［93］Mitrega M, Forkmann S, Ramos C, etc. Networking capability in business relationships—Concept and scale development ［J］. Industrial Marketing Management, 2012, 41: 739-751.

［94］Mu J. Networking capability, new venture performance and entrepreneurial rent ［J］. Journal of Research in Marketing and Entrepreneurship, 2013, 15 (2): 101-123.

［95］Mu J, Thomas E, Peng G, etc. Strategic orientation and new product development performance: The role of networking capability and networking ability ［J］. Industrial Marketing Management, 2017 (64): 187-201.

［96］Mudamni S M, Doyle P, Wong V. An exploration of branding in industrial markets ［J］. Industrial Marketing Management, 1997, 26 (5): 433-446.

［97］Mudambi S. Branding importance in business-to-business markets: Three buyer clusters ［J］. Industrial Marketing Management, 2002, 31 (6): 525-533.

［98］Mulyanegara R C. Market orientation and brand orientation from customer perspective: An empirical examination in the non-profit sector ［J］. International Journal of Business & Management, 2010, 5 (7): 14-23.

［99］Mulyanegara R C. The relationship between market orientation, brand orientation and perceived benefits in the non-profit sector: A customer-perceived paradigm

[J] . Journal of Strategic Marketing, 2011, 19 (19): 429-441.

[100] Nahapiet J, Ghosal S. Social capital, intellectual capital, and the organizational advantage [J] . Academy of Management Review, 1998, 23 (2): 242-266.

[101] Narasimhan R, Nair A, Griffith D A, et al. Lock-in situations in supply chains: A social exchange theoretic study of sourcing arrangements in buyer-supplier relationships [J] . Journal of Operations Management, 2009, 27 (5): 374-389.

[102] Ngo L V, O' Cass A. Performance implications of market orientation, marketing resources, and marketing capabilities [J] . Journal of Marketing Management, 2014, 28 (1-2): 173-187.

[103] Niemand T, Rigtering J P C, Kallmünzer A, et al. Digitalization in the financial industry: A contingency approach of entrepreneurial orientation and strategic vision on digitalization [J] . European Management Journal, 2021, 39 (3): 317-326.

[104] O' Cass A, Ngo L V. Creating superior customer value for B2B firms through supplier firm capabilities [J] . Industrial Marketing Management, 2012, 41 (1): 125-135.

[105] Ohnemus L. B2B branding: A financial burden for shareholders? [J] . Business Horizons, 2009 (52): 159-166.

[106] Palmatier R W, Robert W. Interfirm relational drivers of customer value [J] . Journal of Marketing, 2008, 72 (7), 76-89.

[107] Payne A F, Storbacka K, Frow P. Managing the co-creation of value [J] . Journal of the Academy of Marketing Science, 2008, 36 (1): 83-96.

[108] Persson N. An exploratory investigation of the elements of B2B brand image and its relationship to price premium [J] . Industrial Marketing Management, 2010, 39 (8): 1269-1277.

[109] Qi C, Chau P Y K. Relationship, contract and IT outsourcing success: Evidence from two descriptive case studies [J] . Decision Support Systems, 2012, 53 (4), 859-869.

[110] Raggio R D, Leone R P. The theoretical separation of brand equity and

brand value: Managerial implication for strategic planning [J]. Journal of Brand Management, 2007, 14 (5): 380-395.

[111] Rajamma R K, Zolfagharian M A, Lou E P. Dimensions and outcomes of B2B relational exchange: A meta-analysis [J]. Journal of Business & Industrial Marketing, 2011, 26 (2): 104-114.

[112] Ravichandran T, Pant S, Chatterjee D. Impact of industry structure and product characteristics on the structure of B2B vertical hubs [J]. IEEE Transactions on Engineering Management, 2007, 54 (3): 506-521.

[113] Reid M, Luxton S, Mavondo F. The relationship between integrated marketing communication, market orientation, and brand orientation [J]. Journal of Advertising, 2013, 34 (4): 11-23.

[114] Reijonen H, Pardanyi S, Tuominen S. Are growth-oriented SMEs more likely to adopt market and brand orientations? [J]. Journal of Small Business and Enterprise Development, 2014, 21 (2): 250-264.

[115] Ritter T, Pedersen C L. Digitization capability and the digitalization of business models in business-to-business firms: Past, present, and future [J]. Industrial Marketing Management, 2020, 86 (4): 180-190.

[116] Roper S., Davies G. Business to business branding: External and internal satisfiers and the role of training quality [J]. European Journal of Marketing, 2010, 44 (5): 567-590.

[117] Schmidt S-O, Tyler K, Brennan R. Adaptation in inter-firm relationships: Classification, motivation, calculation [J]. Journal of Services Marketing, 2007, 21 (7): 530-537.

[118] Shahzad K, Ali T, Takala J, et al. The varying roles of governance mechanisms on ex-post transaction costs and relationship commitment in buyer-supplier relationships [J]. Industrial Marketing Management, 2018, 71 (5): 135-146.

[119] Shane S A. Finding fertile grounds: Identifying extraordinary opportunities for a new venture [M]. New Jersey: Wharton School Publishing, 2005.

［120］Shipley D, Howard P. Brand-naming industrial products ［J］. Industrial Marketing Management, 1993, 22 (1): 59-66.

［121］Silva F J C, Camacho M A R, Vazquez M V, etc. Value co-creation and customer loyalty ［J］. Journal of Business Research, 2016, 69 (1): 1621-1625.

［122］Skilton P F. Knowledge based resources, property based resources and supplier bargaining power in Hollywood motion picture projects ［J］. Journal of Business Research, 2009, 62 (8): 834-840.

［123］Song M, Droge C, Hanvanich S, et al. Marketing and technology resource complementarity: An analysis of their interaction effect in two environmental contexts ［J］. Strategic Management Journal, 2005, 26 (3): 259-276.

［124］Soo C W, Devinney T M, Midgley D F. External knowledge acquisition, creativity and learning in organizational problem solving ［J］. International Journal of Technology Management, 2007, 38 (1-2): 137-159.

［125］Srivastava R, Shervani T, Fahey L. Market-based assets and shareholder value: A framework for analysis ［J］. Journal of Marketing, 1998, 62 (1): 2-18.

［126］Strauss A, Corbin J M. Basics of qualitative research: Grounded theory procedures and techniques 4th ［M］. CA, US: Sage Publications, 2014.

［127］Taiminen K, Ranaweera C. Fostering brand engagement and value-laden trusted B2B relationships through digital content marketing ［J］. European Journal of Marketing, 2019, 53 (9): 1759-1781.

［128］Tsai W, Ghoshal S. Social capital and value creation: The role of intrafirm networks ［J］. Academy of Management Journal, 1998, 41 (4): 464-476.

［129］TörmäläM, Gyrd-Jones R I. Development of new B2B venture corporate brand identity: A narrative performance approach ［J］. Industrial Marketing Management, 2017, 65 (8): 76-85.

［130］Urde M. Brand orientation—a strategy for survival ［J］. Journal of Consumer Marketing, 1994, 11 (3): 18-32.

［131］Urde M. Brand orientation: A mindset for building brands into strategic resources [J] . Journal of Marketing Management, 1999, 15 (1-3): 117-133.

[132] Urde M, Baumgarth C, Merrilees B. Brand orientation and market orienta-tion—from alternatives to synergy [J] . Journal of Business Research, 2013, 66 (1): 13-20.

[133] Vargo S L, Lusch R F. Evolving to a new dominant logic for marketing [J] . Journal of Marketing, 2004, 68 (1): 1-17.

[134] Van Riel A C R, de Mortanges C P, Streukens S. Marketing antecedents of industrial brand equity: An empirical investigation in specialty chemicals [J] . In-dustrial Marketing Management, 2005, 34 (8): 841-847.

[135] Vazquez M V, Camacho M A R, Silva F J C. The value co-creation process as a determinant of customer satisfaction [J] . Management Decision, 2013, 51 (10): 1945-1953.

[136] Wallace B. The performance benefits of being brand-orientated [J] . Jour-nal of Product & Brand Management, 2008, 17 (6): 372-383.

[137] Wallace E, Buil I, de Chernatony L. Brand orientation and brand values in retail banking [J] . Journal of Marketing Management, 2013, 29 (9-10): 1007-1029.

[138] Walter A, Auer M, Ritter T. The impact of network capabilities and entre-preneurial orientation on university spin-off performance [J] . Journal of Business Venturing, 2006, 21 (4): 541-567.

[139] Webster F. E. , Wind Y. A. A general model of organizational buying be-havior [J] . Journal of Marketing, 1972, 36 (2): 12-19.

[140] Wiklund J, Shepherd D. Knowledge-based resources, entrepreneurial ori-entation, and the performance of small and medium-sized businesses [J] . Strategic Management Journal, 2010, 24 (13): 1307-1314.

[141] Wise R, Zednickova J. The rise and rise of the B2B brand [J] . The Journal of Business Strategy, 2009, 30 (1): 4-13.

[142] Wong H Y, Merrilees B. A brand orientation typology for SMEs: A case research approach [J] . Journal of Product & Brand Management, 2005, 14 (3):

155-162.

［143］Wong H Y, Merrilees B. Closing the marketing strategy to performance gap: The role of brand orientation ［J］. Journal of Strategic Marketing, 2007, 15 (5): 387-402.

［144］Worm S, Srivastava R K. Impact of component supplier branding on profitability ［J］. International Journal of Research in Marketing, 2014, 31 (4): 409-424.

［145］Wuyts S, Verhoef P C, Prins R. Partner selection in B2B information service markets ［J］. International Journal of Research in Marketing, 2009, 26 (1): 41-51.

［146］Yang Z, Huang Z, Wang F, etc. The double-edged sword of networking: Complementary and substitutive e ects of networking capability in China ［J］. Industrial Marketing Management, 2018 (68): 145-155.

［147］Yi Y, Gong T. Customer value co-creation behavior: Scale development and validation ［J］. Journal of Business Research, 2013, 66 (9): 1279-1284.

［148］Yin R K. Case study and application: Design and methods ［M］. Thousand Oaks: SAGE publications, 2017.

［149］Yu C M, Liao T J, Lin Z D. Formal governance mechanisms, relational governance mechanisms, and transaction-specific investments in supplier-manufacturer relationships ［J］. Industrial Marketing Management, 2006, 35 (2): 128-139.

［150］Zhang J, Jiang Y., Shabbir R, et al. Building industrial brand equity by leveraging firm capabilities and co-creating value with customers ［J］. Industrial Marketing Management, 2015 (51): 47-58.

［151］白杨, 刘新梅, 韩骁, 等. 市场导向与组织创造力——技术知识、市场知识的获取路径分析 ［J］. 科学学与科学技术管理, 2014, 35 (4): 87-95.

［152］常玉, 王莉, 李雪玲. 市场知识与技术知识协同的影响因素研究 ［J］. 科技进步与对策, 2011, 28 (6): 138-141.

［153］陈灿. 国外关系治理研究最新进展探析 ［J］. 外国经济与管理, 2012, 34 (10): 74-80.

［154］陈冬梅，王俐珍，陈安霓．数字化与战略管理理论——回顾、挑战与展望［J］．管理世界，2020（5）：220-236.

［155］陈嘉文，姚小涛．组织与制度的共同演化：组织制度理论研究的脉络剖析及问题初探［J］．管理评论，2015，27（5）：135-144.

［156］陈收，易敏芳，李博雅．产品扩散策略对企业绩效的影响［J］．管理学报，2015，12（6）：814-822.

［157］程兆谦，徐金发．资源观理论框架的整理［J］．外国经济与管理，2002，24（7）：6-13.

［158］池毛毛，叶丁菱，王俊晶，等．我国中小制造企业如何提升新产品开发绩效——基于数字化赋能的视角［J］．南开管理评论，2020，23（3）：63-75.

［159］董保宝，李全喜．竞争优势研究脉络梳理与整合框架构建——基于资源与能力的视角［J］．外国经济与管理，2013，35（3）：2-11.

［160］董保宝，向阳．战略创业研究脉络梳理与模型构建［J］．外国经济与管理，2012，34（7）：25-34.

［161］董言，李桂华．供应商要素品牌价值对采购商关系治理行为影响研究——合作还是竞争？［J］．工业工程与管理，2018，23（6）：80-86.

［162］段万春，李美．组织协同知识共享机制优化研究［J］．重庆理工大学学报（社会科学版），2019（10）：81-91.

［163］方刚．网络能力结构及对企业创新绩效作用机制研究［J］．科学学研究，2011，29（3）：461-470.

［164］丰超，庄贵军，张闯，等．网络结构嵌入、关系型渠道治理与渠道关系质量［J］．管理学报，2018，15（10）：36-43.

［165］胡青．企业数字化转型的机制与绩效［J］．浙江学刊，2020（2）：148-156.

［166］黄磊，李巍．代工模式下关系专用性投资对自有品牌战略的影响：客户关系的视角［J］．预测，2014，33（4）：21-27.

［167］黄磊，吴朝彦．制造型供应商不同产品特征与品牌导向的关系机理——基于我国产业市场的实证研究［J］．财经论丛，2016（8）：76-85.

［168］黄磊，吴朝彦. B2B 品牌导向对品牌绩效的影响机制研究：供应商资源投入的关键作用［J］. 管理评论，2017，29（9）：181-192.

［169］姜飞飞，江旭，郑志清. 企业家导向与联盟管理实践获取：基于竞合视角的三项交互研究［J］. 管理评论，2016，28（7）：226-235.

［170］姜翰，杨鑫，金占明. 战略模式选择对企业关系治理行为影响的实证研究——从关系强度角度出发［J］. 管理世界，2008（3）：115-125.

［171］李纲，陈静静，杨雪. 网络能力、知识获取与企业服务创新绩效的关系研究——网络规模的调节作用［J］. 管理评论，2017，29（2）：59-68，86.

［172］李桂华，黄磊. 要素品牌价值对关系绩效的影响——采购商视角的研究［J］. 管理科学，2014，27（2）：82-94.

［173］李桂华，黄磊. 供应商创新能力、要素品牌价值与经营绩效关系研究［J］. 科技管理研究，2015（11）：106-110.

［174］李桂华，张会龙，黄磊. 供应商要素品牌价值形成的资源条件及内在机理研究［J］. 管理学报，2017，14（10）：1505-1514.

［175］李敏，李章森，谢碧君，等. 基于中国语境的组织内关系治理量表开发与检验研究［J］. 管理学报，2018，15（7）：949-956.

［176］李巍. 战略导向均衡对产品创新与经营绩效影响的研究［J］. 科研管理，2015，3（1）：143-151.

［177］卢宏亮，李桂华. 基于 B2B2C 视角的 B2B 品牌资产影响因素研究［J］. 当代财经，2014（6）：75-86.

［178］卢宏亮，李桂华，李英禹. B2B 品牌化对企业间关系及财务绩效的影响研究［J］. 南开管理评论，2016，19（4）：169-180.

［179］卢宏亮，田国双. 基于品牌关联视角的 B2B 品牌投资决策研究［J］. 山西财经大学学报，2014，36（2）：83-92.

［180］陆娟，边雅静. 不同元素品牌联合模式下的主品牌联合效应研究［J］. 管理世界，2010（11）：114-122.

［181］卢泰宏，吴水龙，等. 品牌理论里程碑探析［J］. 外国经济与管理，2009，31（1）：32-42.

［182］潘冬，杨晨．企业社会资本对品牌资产提升的作用研究［J］．经济纵横，2011（6）：114-117.

［183］彭正龙，何培旭．企业战略导向的权变选择及差别绩效效应：探索性/利用性学习的中介作用和产业类型的调节作用［J］．管理评论，2015，27（5）：121-134.

［184］邵景波，陈珂珂，吴晓静．社会网络效应下顾客资产驱动要素研究［J］．中国软科学，2012（8）：84-97.

［185］田凤权．创建和提升 B2B 企业品牌价值的思路［J］．经济研究导刊，2012（17）：154-156.

［186］王苗，曲韵，陈刚．数字化变革与品牌资产概念与模型研究［J］．贵州社会科学，2020，368（8）：138-144.

［187］王雪冬，陈晓宇，孟佳佳．数字化时代的品牌意义：内涵，研究议题与未来展望［J］．外国经济与管理，2020，42（9）：47-62.

［188］卫海英，祁湘涵．基于信息经济学视角的品牌资产生成研究［J］．中国工业经济，2005（10）：113-120.

［189］吴晓云，张峰．关系资源对营销能力的影响机制：顾客导向和创新导向的中介效应［J］．管理评论，2014，26（2）：58-68.

［190］肖萌，马钦海．顾客资源对价值共创能力的影响机制——资源整合的中介作用［J］．技术经济，2017，36（9）：76-84.

［191］许秀梅．技术资本对企业价值的影响机理探究——来自全样本与不同地域、性质企业样本的分类比较［J］．山西财经大学学报，2015，37（6）：34-46.

［192］严建援，何群英．B2B 情境下顾客价值共创、动态能力与顾客价值间的关系研究——基于阿里出口通电商平台的实证［J］．预测，2017（6）：56-61.

［193］严子淳，黄磊，刘鑫．供应商关键能力、产业品牌价值与采购商重购意愿［J］．管理科学，2016，29（1）：15-27.

［194］严子淳，彭华伟，李国栋．供应商企业资产对产业品牌价值的影响

[J].商业研究，2017（4）：10-16.

［195］杨震宁，李东红，马振中.关系资本、锁定效应与中国制造业企业创新［J］.科研管理，2013，34（11）：42-52.

［196］张红霞，张璇，张如慧，等.消费者如何看待和评价融合产品？——基于融合产品特征和消费者个体特征的分析［J］.心理科学进展，2013，2（5）：914-921.

［197］张辉，汪涛，刘洪深.新产品开发中的顾客参与研究综述［J］.中国科技论坛，2010（11）：105-110.

［198］张婧，邓卉.品牌价值共创的关键维度及其对顾客认知与品牌绩效的影响：产业服务情境的实证研究［J］.南开管理评论，2013，16（2）：104-115.

［199］张婧，何勇.服务主导逻辑导向与资源互动对价值共创的影响研究［J］.科研管理，2014，35（1）：115-122.

［200］张婧，蒋艳新.产业服务企业品牌导向对品牌资产的影响机制研究［J］.管理评论，2016，28（3）：184-195.

［201］张娜，冯永春，许晖.顾客资产与创新资产重构视角下的品牌战略选择机制研究［J］.管理学报，2017，14（5）：640-649.

［202］张文红.外部关系能否帮助企业从突破式创新中获利？［J］.科学学与科学技术管理，2016，37（7）：126-134.

［203］张燚，张锐.论生态型品牌关系的框架建构［J］.管理评论，2005，17（1）：18-23.

［204］张钰，刘益，王亚娟.渠道竞合对制造商企业绩效的影响——基于悖论视角的研究［J］.管理评论，2017，29（7）：213-224.

［205］赵远亮，周寄中，许治.高技术企业自主创新、知识产权与自有品牌的联动关系及启示［J］.科学学与科学技术管理，2008（1）：58-63.

［206］朱秀梅，陈琛，纪玉山.基于创业导向、网络化能力和知识资源视角的新创企业竞争优势问题探讨［J］.外国经济与管理，2010，32（5）：9-16.

［207］庄贵军，董滨.IOS还是SM？网络交互策略对企业间协作的影响［J］.管理评论，2020，32（9）：153-167.